LE LIVRE DE FAMILLE

PAR

CHARLES DE RIBBE

TOURS

ALFRED MAME ET FILS, ÉDITEURS

M DCCC LXXIX

LE

LIVRE DE FAMILLE

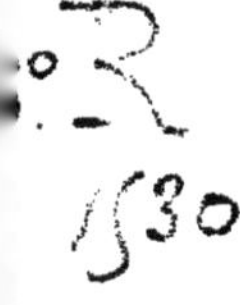

LE
LIVRE DE FAMILLE

PAR

CHARLES DE RIBBE

TOURS

ALFRED MAME ET FILS, ÉDITEURS

M DCCC LXXIX

AVERTISSEMENT DES ÉDITEURS

En rédigeant ce *Livre de famille*, d'après les modèles, l'auteur avait voulu tout d'abord le faire suivre d'un Livre de raison à pages blanches, auquel il serait demeuré incorporé.

De bons juges l'ont décidé à modifier ses premiers projets. Ils ont pensé qu'il était préférable, du moins pour le moment, de l'éditer à part et en un volume, qui ferait mieux connaître la mise en pratique d'une idée féconde; mais ils ont été unanimes à conclure qu'il fallait publier en même temps un registre à pages blanches, et qu'il importait de donner à ce registre, avec un titre imprimé et un sommaire indiquant les chapitres à ouvrir, certaines conditions de format et de reliure.

De là notre double publication.

Elle se recommande d'elle-même à tous les gens de bien; et nous avons la confiance que, soutenue par leurs sympathies, propagée par leur action, elle répondra à un besoin vivement senti dans beaucoup de familles.

INTRODUCTION

I

LES LIVRES DE RAISON OU LIVRES DE FAMILLE

Les familles les plus chrétiennes, les plus recommandables, les mieux ordonnées, celles, en un mot, qui ont fait la France, avaient autrefois, pour la plupart, une coutume qui prouve combien sérieuse et pratique était la direction de leur vie.

Sous le nom de « Livres de raison », elles tenaient des Livres domestiques qui étaient pour elles autant de trésors de souvenirs, en même temps que des garanties de bonne administration.

On découvre à peu près partout [1], et sous des formes très diverses, des traces de cette coutume;

[1] Non seulement en France, mais en Italie, en Suisse, en Hollande, en Allemagne, en Pologne, etc.

mais c'est particulièrement dans le Midi qu'elle se montre établie, d'une manière à peu près générale, au sein de toutes les classes ayant quelque culture; ou, du moins, c'est là que se sont conservés le mieux, et en plus grand nombre, les monuments originaux qui la caractérisent et qui en font à nos yeux une institution.

A l'aide de documents si précieux et si probants, nous avons dit ailleurs ce qu'ont été jusqu'à nos jours les familles vraiment dignes d'être proposées comme modèles. Nous avons décrit leurs mœurs, leur manière d'être, leurs conditions d'existence, de progrès et de stabilité, leurs traditions, et enfin l'action que leur vie, ainsi soutenue à travers les vicissitudes des temps, avait sur la vie religieuse, morale, économique et publique du pays [1]. — Aujourd'hui, il n'y a plus lieu de refaire à leur sujet une œuvre d'histoire; c'est une pensée toute pratique qui nous occupe; il s'agit de recueillir et d'appliquer, pour notre usage, les enseignements qui en résultent. Aussi nous bornerons-nous à constater simplement ce qu'étaient ces documents, d'un ordre si intime, et ce qu'ils représentaient.

1 *Une Famille au* XVI*e siècle*. 3e édition, entièrement refondue et considérablement augmentée; Tours, Mame et fils, 1879; 1 vol. in-18.

Les Familles et la Société en France avant la révolution. 4e édition; Tours, Mame et fils, 1879; 2 vol. in-18.

Deux Chrétiennes pendant la peste de 1720. 2e édition; Paris, Baltenweck, 1876; 1 vol. in-18.

La Vie domestique, ses modèles et ses règles. 2e édition; Paris, Baltenweck, 1877; 1 vol. in-18.

Et d'abord, que faut-il entendre par la dénomination de « Livre de raison » ?

« Raison » vient du mot latin *ratio*, qui signifie à la fois « sens, jugement, doctrine, méthode, compte d'affaires ».

Et, en effet, telle était la puissance des mœurs que le journal où venaient s'enregistrer les actes importants de la famille avait fini par répondre à tout cela.

Le Livre de raison n'avait été dès l'origine qu'un modeste livre de comptes; mais, lors même qu'il se réduisait à ces proportions, il empruntait à l'esprit qui l'inspirait un intérêt très supérieur à celui que peut offrir la sèche mention de détails d'affaires. A de certains endroits, le cadre s'étendait; des préoccupations plus élevées, des idées et réflexions morales, prenaient place d'elles-mêmes à côté et au sujet d'un article de recette ou de dépense. Le chef de famille, à l'occasion d'un fait, d'une circonstance qui l'avait frappé, consignait des observations ou recommandations auxquelles il attachait une sérieuse importance. Et c'est ainsi que le livre de comptes était devenu le dépositaire et le gardien de la tradition domestique.

En dehors de lui, on rencontre d'autres registres. Le *Livre terrier*, par exemple, contenait les copies des titres de propriété; le *Livre de généalogie*, surtout dans les grandes maisons aristocratiques, conservait les preuves de filiation.

Le caractère propre du Livre de raison, quand il était bien tenu, était de résumer en quelques traits, et avec simplicité, tout ce qui moralement et matériellement constituait la famille et le foyer. Sur ses pages on inscrivait la généalogie des ancêtres, la biographie des parents, les naissances, mariages et décès, les principaux événements du ménage, l'accroissement de ce ménage, c'est-à-dire l'emploi de l'épargne, l'inventaire des biens, les derniers conseils laissés aux enfants.

Le Livre de raison était donc, en quelque sorte, la *raison écrite* de la famille.

La méthode et l'ordre suivis ne pouvaient être toujours les mêmes, et ils n'étaient pas chez tous également parfaits. Les procédés de rédaction et de classement dépendaient beaucoup des situations, des goûts, des aptitudes et convenances individuelles. Ainsi, des gens très occupés se contentaient de marquer sur leur grand livre d'administration les noms de leurs devanciers, leur mariage, l'état civil de leurs enfants, avec diverses annotations propres à éclairer ceux-ci sur tel ou tel point particulier.

Du milieu des types secondaires on voit cependant se dégager un type vraiment supérieur et tout à fait remarquable. A un moment décisif de leur existence, des pères modèles avaient senti s'éveiller en eux un surcroît de sollicitudes; ils avaient craint que la mort ne vînt les surprendre avant qu'ils eussent eu le temps d'achever l'éducation de leurs enfants, et qu'ils les eussent instruits sur ce qu'il leur importait le plus de connaître pour ne pas se laisser égarer; et alors, se recueillant en eux-mêmes, ils avaient coordonné et mis au net, dans un travail d'ensemble exécuté avec le calme de la réflexion [1], sauf à le compléter plus tard, la substance de ce qu'ils avaient déjà inscrit au jour le jour, mais au courant de la plume, dans leur livre habituel de comptes.

Le Livre de raison, tel que nous venons de le définir, était l'œuvre du père : c'était un des attributs naturels du chef de maison. A la mort de ce dernier, il était continué par la mère survivante jusqu'à ce que l'aîné des fils, parvenu à l'âge de majorité et marié, fût en état de prendre en main la direction des affaires [2].

D'ordinaire, il porte une date solennelle entre toutes : celle du mariage.

Le fils qui vient de s'établir, surtout si c'est en dehors de la maison paternelle, n'attend pas la mort de ses parents pour commencer son Livre de raison particulier. Une existence, très différente de celle

[1] Nous avons publié presque en entier, dans le tome Ier de la *Vie domestique*, un des plus remarquables modèles qu'on puisse offrir en ce genre.

[2] Voici une des formules que nous trouvons employées en pareil cas :

« *A l'honneur et gloire de Dieu.*

« *Livre de raison de moy Isabeau de Giraud, tenu depuis la mort de mon bon mari, et commencé le mois d'avril 1671.* »

Isabeau de Giraud meurt le 24 juin 1672, et son fils aîné Balthasard de Fresse-Monval, écrit après les pages remplies des annotations de sa mère :

« *Le 8 octobre 1672, j'ay continué ce Livre de raison de ma pauvre mère, pour l'honneur et gloire du bon Dieu.* »

qu'il a menée jusque-là, s'ouvre alors devant lui : il sent que de la voie où il s'engagera dépendra son bonheur ou son malheur; et, lorsqu'il est vraiment chrétien, il obéit à l'impulsion de sa conscience, qui lui commande d'invoquer Dieu; à une heure si pleine de graves pensées, il n'a plus ce dédain ou cet oubli de l'expérience qui, dans sa vie de jeune homme, a été peut-être pour lui la cause de plus d'une erreur. Le père lui a souvent recommandé de s'habituer à réfléchir et à se rendre compte de ses actes. « *Tâchez*, lui a-t-il dit, *de prendre un peu de temps pour écrire dans votre Mémorial ou Livre de raison les affaires que vous avez faites* [1]. » Mais le jeune homme est insouciant et négligent ; il ne comprend pas autant qu'il le faudrait combien la prévoyance, la régularité et l'ordre en toutes choses sont nécessaires. Il ne commence à en être convaincu que le lendemain du jour où il est entré en ménage. Il ne le sera même d'une manière tout à fait pratique que plus tard, lorsqu'il aura reconnu, peut-être encore à ses dépens, qu'un peu de science puisée dans les écoles ne suffit pas pour former un homme, pour donner cette science de la vie, la première des sciences, hors de laquelle la direction d'une famille est un fardeau si lourd à porter. Alors, déjà préparé par son expérience à mettre à profit celle de son père et à interroger celle de ses devanciers, il s'appliquera d'autant mieux à redresser en

[1] Livre de raison de M. de Mongé; Puymichel, Basses-Alpes, 1687.

lui et autour de lui ce qu'il y aurait eu jusque-là de défectueux dans sa conduite.

Il y aurait plus d'un exemple à citer au sujet de cette instruction fondamentale dont les enfants recevaient autrefois les premiers éléments dès le berceau, et à laquelle ils revenaient presque toujours après l'âge des passions. — « *Tant que dure l'âge des plaisirs et de la dissipation*, écrit un père, *on trouve peu le temps d'ouvrir et de lire le Livre de raison qu'ont laissé les parents. Mais, si Dieu vous fait arriver à l'âge de maturité, alors vous trouverez plaisir à feuilleter ces lignes. Elles vous rappelleront un père à qui vous fûtes cher, et qui ne s'est occupé, ainsi que votre excellente et vertueuse mère, qu'à vous donner une éducation où vous puissiez puiser le courage nécessaire pour supporter l'adversité, des talents et des connaissances suffisantes pour en triompher et faire vous-même votre fortune*[1]. »

Le fait seul d'obliger de bonne heure les jeunes gens à tenir un compte exact de leurs dépenses personnelles exerçait sur eux une action des plus salutaires. On a raconté, il y a peu d'années, l'histoire des Vernet, d'après les Livres de raison de Joseph, que conserve la bibliothèque publique d'Avignon. Rien de plus curieux que le tableau d'intérieur offert par cette famille d'artistes : on voit s'y dérouler l'histoire du peintre, les naissances de ses enfants, leur éducation, et l'on peut y lire le répertoire de ses

[1] Livre de raison de Pierre-Joseph de Colonia, intendant des finances sous Louis XVI.

œuvres pendant un demi-siècle, de 1735 à 1788. Un jour, Carle doit quitter son père pour aller à Rome; il s'engage à noter avec soin, selon les prescriptions paternelles, l'emploi de sa pension et de son temps; mais il ne tint guère sa promesse, et, à son retour, il ne put montrer l'ombre d'un Livre de raison.

« Ici se place un curieux épisode, dit M. Léon Lagrange[1]. Le père fit asseoir son fils, et le força d'inscrire sur une des pages d'un de ses livres à lui les dépenses de son voyage. Cette page est vivante. On voit le père sur le dos du fils, et ce dernier, un crayon à la main, cherchant dans sa mémoire ce qu'il pourrait bien inventer pour abréger sa corvée. — « De Paris à Rome, écrit-il, j'ay dépensé environ « trente francs en menues dépenses, comme spec- « tacle, gants, cravates, etc..... » Mais le père insiste, il veut des détails. Alors, Carle d'accuser en chiffres ronds : — « A Rome, un gilet blanc, dix « francs; — des gants, deux paires, quatre francs; « — tapis de table, quarante francs; — spectacle, « plusieurs fois, trois francs..... » Le café, les étrennes, les couleurs viennent à tout instant. Enfin, quand il a écrit : « Une martingale, dix francs; au « tailleur, cinquante-deux francs; couleurs, soixante- « dix francs, » Carle, ennuyé, jette le crayon. Le père le ramasse, ou plutôt prend la plume, et continue d'écrire, sous la dictée de son fils, quatre ou cinq articles, et puis... Et puis Carle, sans doute, a fait

1 *Les Vernet. — Joseph Vernet et la peinture au* XVIII*e siècle*; Paris, 1864, p. 289.

un calembour, le père a ri, il est désarmé, et la confession se termine.

« En dépit des efforts de Joseph Vernet, Carle se refusa longtemps à la gêne du Livre de raison. Toucher de l'argent et le dépenser, voilà son rôle ; inscrire les dépenses, c'est l'affaire du père, qui s'en acquitte si bien. Un jour, cependant, Carle achète aussi ses livres de comptes, et il commence à les tenir : c'est qu'alors il a lui-même charge d'âmes, il est marié. »

Cette anecdote nous dit quelles étaient les éducations, au point de vue de l'économie domestique, et elle nous fait assister au point de départ de ces habitudes d'exactitude qui, dès l'époque du mariage, présidaient à la tenue du Livre de raison, au nom d'intérêts plus élevés et plus étendus.

On rédige donc son Livre de raison en vue du présent et aussi de l'avenir. Les générations forment une chaîne continue, dont les anneaux se lient étroitem.... l'un à l'autre. Ce dont les parents ont donné l'exemple, les enfants l'appliquent ; ce que ceux-là ont commencé, ceux-ci le continuent [1]. L'enseigne-

[1] Lorsque le fils était arrivé au dernier feuillet du registre paternel, il en commençait un nouveau :

« *Livre de raison commencé le 1er octobre 1718, ayant fini le précédent que feu M. H. de Villeneuve, mon père, avoit escrit depuis le 1er octobre 1698. Je jure ici, par tout ce qu'il y a de plus sacré, n'y avoir rien mis contre la vérité.* »

Dans le Soissonnais, on emploie de semblables formules, indiquant la continuation du Livre domestique :

« In nomine Domini. Amen. — *Livre domestique de Maistre*

ment est permanent, perpétuel, et cependant, au fond, toujours le même. Son trait distinctif est de ne jamais se séparer des faits et de leur être en quelque sorte incorporé.

On mentionne des faits dans ce *Livre d'or du foyer :* c'est l'histoire de la famille. On en mentionne encore au sujet du patrimoine : c'est l'économie du ménage. Enfin, on tire des faits des leçons infaillibles pour dire aux enfants : « Voilà le vrai, voilà le bien; évitez telle erreur, prenez garde à telle faute. » C'est l'avenir de la jeunesse qui s'élève, et peut-être ces leçons seront-elles son salut, même dans l'âge mûr.

Pourquoi écrire des avis sur les feuillets d'un registre, lorsqu'on les a déjà exprimés et répétés souvent de vive voix? Les parents en donnent les motifs : « Ces avis, disent-ils, ont et auront plus de valeur par cela seul qu'ils sont écrits [1]. » Et, du reste, c'est le moyen de faire qu'ils ne soient jamais

Claude du Tour, advocat au Parlement, et depuis conseiller du Roy et son advocat au bailliage et siège présidial de Soissons; et de Jean-Baptiste du Tour, son fils, aussi advocat au présidial, etc. »

1 « Vous trouverez peut-être singulier, ma chère fille, que, vous ayant tous les jours sous mes yeux, il me soit encore nécessaire de vous écrire; mais je sais que vous aurez autant de plaisir à recevoir des marques de l'occupation où je suis de vous que j'ai besoin moi-même de les multiplier. Mes avis, mes conseils, que votre cœur apprécie toujours, lors même qu'ils contrarient ses goûts et ses penchants, auront, je n'en doute pas, plus de valeur encore lorsqu'ils seront écrits. » (*Vie de Mme de la Rochefoucauld, duchesse de Doudeauville*; Paris, Lecoffre, 1877; chapitre v, intitulé : *Avis à sa fille.*)

oubliés et qu'ils produisent une impression durable.

Les parents invitent formellement leurs enfants à les lire non pas une seule fois, mais souvent. « *Mon fils, je te conjure de lire et de relire les avis que je te laisse dans ce Livre de raison de la famille. C'est là que tu me trouveras toujours; c'est là que je vis encore pour toi, et tu n'auras pas perdu ton père tant que tu conserveras mes avis*[1]. » — « *Méditez vos devoirs dans cet écrit. Ce serait peu pour vous de le lire une fois et de le reléguer dans votre secrétaire; recourez-y souvent. Les principes et les leçons qu'il contient ne sont pas le fruit de ma sagesse; leur source est plus haute et plus pure, et je n'ai d'autre mérite que d'en avoir formé le recueil*[2]. »

Pour réaliser ce but, les chefs de famille, s'ils en ont le loisir, prennent quelquefois la peine de faire du Livre de raison autant de copies qu'ils ont de fils. Mais, le plus habituellement, ils lèguent leur unique exemplaire à l'aîné, avec la charge de le communiquer ou d'en donner une copie certifiée aux cadets.

Ceux-ci ne manqueront pas de consulter le manuscrit paternel; ils en feront des extraits, et les transcriront sur des feuillets réservés de leur propre Livre de raison.

La coutume est si bien assise, elle est tellement dans les mœurs, que des oncles sans enfants, mais

[1] *Conseils d'Antoine de Courtois à ses enfants, 1812.*

[2] *Instructions de J.-B. Garron de la Bévière à sa fille*; Longes en Bresse, 1797.

représentant la branche aînée de la famille, s'imposent le devoir de tenir de semblables registres, surtout en ce qui concerne la généalogie et l'origine des propriétés, pour celui de leurs neveux qui doit leur succéder. Des prêtres, pleins de l'esprit qui, jusqu'à notre temps, a relié le sacerdoce à la société civile, se livrent au même travail pour l'héritier de leur nom et de leur sang.

Les Livres de raison étaient donc vraiment une institution.

Institution non seulement excellente, mais admirable! Le seul fait de l'oubli où elle était tombée dit assez tout ce que le mépris de la tradition nous a condamnés à perdre. M. de Tocqueville a eu raison d'observer que, sous l'influence d'un fanatisme dont les siècles antérieurs ne nous présentent pas d'exemple, les Français ont fait le plus grand effort auquel se soit jamais livré aucun peuple, afin de couper en deux leur destinée, et de séparer par un abîme ce qu'ils avaient été de ce qu'ils voulaient être désormais. — « Dans ce but, ajoutait-il, ils ont pris toutes sortes de précautions pour ne rien emporter du passé dans leur condition nouvelle; ils se sont imposé toutes sortes de contraintes pour se façonner autrement que leurs pères; ils n'ont rien oublié, enfin, pour se rendre méconnaissables [1]. »

Aussi n'oublierons-nous jamais l'impression que nous causèrent nos premières découvertes. Le monde

[1] *L'Ancien Régime et la Révolution*, Avant-propos.

intime qui allait devenir le théâtre de nos explorations était à peu près inconnu : sur lui, sur l'autorité paternelle, les éducations, les mœurs, sur les principes et les sources même de la vie, rien que des traditions à demi effacées ou défigurées par des anecdotes scandaleuses recueillies à plaisir dans des Mémoires d'hommes corrompus; rien que des préjugés et des partis pris de système. Or des textes nombreux et concordants s'offraient à nous portant en eux la lumière. Elles étaient là sous nos yeux, dans la pleine vérité de leurs éléments de stabilité, les familles dont les vertus, le travail et l'épargne avaient élevé pierre par pierre, et sans bruit, l'édifice de nos libertés locales et de notre grandeur nationale : familles de noblesse et de bourgeoisie, familles du peuple ou formant l'élite du peuple; vieilles races d'agriculteurs, de soldats, de magistrats, de jurisconsultes, de notaires, de médecins, de commerçants, etc.

Cette impression, depuis lors, n'a fait que s'accroître, quand nous avons suivi la coutume à travers l'histoire [1], lorsque, sortant de nos frontières, nous l'avons étudiée dans l'Italie du XIIIe siècle, où elle se maintenait comme aux temps de l'ancienne Rome [2], et que nous l'avons vue pratiquée en Orient par des familles dont les annales remontent à plus de mille ans [3].

[1] La *Vie domestique*, t. II, livre III, « *la Tradition.* »
[2] Les Livres de raison des familles florentines. — *Annuaire de la Société d'économie sociale*, 1877.
[3] La *Vie domestique*, t. II, p. 350 et suiv.

Bornons-nous ici à conclure.

Au point de vue humain, l'institution des Livres de raison résume en elle l'idée fondamentale de l'expérience appliquée au gouvernement du foyer domestique; aussi ne faut-il pas s'étonner si elle est d'une haute antiquité.

Au point de vue chrétien, elle a un sens encore plus élevé.

Chacun a des devoirs d'état à remplir. *Redde rationem villicationis tuæ*, dit l'Évangile. Vous rendrez compte des enfants et des biens que Dieu vous a donnés, du dépôt qu'il vous a confié.

Et de là est né le Livre de raison chrétien. Il est à la fois une reddition de comptes pour la vie du temps et pour la vie future, le symbole de l'harmonie établie par la religion entre la science de Dieu et la science des choses terrestres, entre les inspirations d'en haut et la saine raison pratique, entre la sagesse dans les vues et la clairvoyance dans le choix des moyens. En l'abandonnant, les familles ont oublié, avec cette reddition de comptes, beaucoup de leurs devoirs.

Toute famille qui se respecte a ou doit tendre à avoir une histoire, et elle se dirige dans ce but.

Le Livre de raison était le gardien de cette histoire. Par lui, les générations se succédaient, en ajoutant sans cesse au trésor de vérités pratiques déjà amassé par leurs devancières. Les volumes où se conservait ce trésor finissaient par former de très précieuses collections[1]; et c'est ainsi que, sous l'égide des deux

[1] Un exemple frappant de la puiseance de cette tradition nous

grands respects, celui de Dieu et celui du père, grâce encore à l'attachement dont était l'objet la maison paternelle, des familles souvent modestes ont pu, sans privilèges, sans titres, sans fiefs d'aucun genre[1], par la seule puissance des mœurs, se perpétuer pendant plusieurs siècles dans le même pays et avec les mêmes vertus.

est donné par une très ancienne famille du Rouergue. Les de Curières de Castelnau possèdent et conservent une collection non interrompue de Livres de raison, tenus de père en fils depuis 1346 jusqu'à nos jours.

[1] Citons, pour la Provence, les Deydier d'Ollioules, près Toulon. Leurs papiers domestiques permettent de suivre leur histoire jusqu'au temps de saint Louis. — V. *Les Familles*, t. I, l. II, chap. I.

II

NÉCESSITÉ ACTUELLE DES LIVRES DE RAISON

Ces livres si précieux, qui empêche de les recréer ? Quels bienfaits n'apporterait pas leur rétablissement ?

— Tout, dit-on, y fait obstacle ; tout est instable, les idées, les lois, les mœurs ; tout, dans la famille et le foyer, comme dans les autres parties du corps social, concourt à développer l'individualisme.

Combien de familles, hélas ! en souffrent cruellement ! Mais nous répondons : — C'est une raison de plus pour qu'elles travaillent à combattre cette instabilité, pour qu'elles s'appliquent à refaire en elles, au siège et au centre de leur vie, un élément puissant d'ordre et de fixité.

Des parents exemplaires continuent sous ce rapport à offrir des modèles dont nous avons à faire notre profit. On aurait peine à le croire si l'on n'en avait sous les yeux les preuves authentiques. Malgré les révolutions et l'existence fiévreuse qui est devenue notre partage à tous ou presque tous, des familles mettent encore leur honneur à avoir leur histoire, à tenir des Livres de raison ou quelque chose qui y ressemble.

Voici un fait ; nous le citerons avec d'autant plus d'intérêt que nous avons connu dans son âge mûr l'auteur du texte qu'on va lire. Mieux que des raisonnements, ce fait montrera combien le retour à la tradition répondrait aux propensions naturelles et impérissables du cœur, à quels besoins profonds et toujours actuels il donnerait satisfaction.

Il y a une quarantaine d'années, dans un canton rural de la Provence, un homme jeune encore se trouvait appelé par la mort de ses parents à prendre la direction de ses affaires. Il appartenait à une de ces vieilles et respectables familles de bourgeoisie, hélas ! aujourd'hui presque éteintes, dont les vertus patriarcales étaient pour les populations agricoles au milieu desquelles elles vivaient, autant d'exemples tout-puissants du bien, de l'esprit de sagesse et de dévouement. Marié depuis peu, il avait à continuer dans son pays une longue lignée de braves gens qui ne l'avaient jamais quitté.

La naissance d'un fils venait de lui donner une grande joie, et son éducation était déjà l'objet de ses préoccupations. Sur elle se concentraient des sollicitudes d'autant plus vives qu'elles étaient pour lui toutes nouvelles. Il y pensait comme l'artiste à la statue qu'il ébauche, comme le poète au poème où il met le trop-plein de son âme. Mais, lorsqu'il s'interrogeait sur la mise en œuvre de ses programmes, et qu'il envisageait froidement la réalité, il se voyait bien mal préparé à enseigner à son enfant ce qu'il n'avait appris pour lui-même que très imparfaitement. Il avait eu des succès dans ses études; au sortir de l'école de droit, il avait un peu tout effleuré sans rien approfondir. Alors, rebuté par des travaux trop sérieux, qui lui semblaient incompatibles avec sa vive imagination et avec ses aptitudes, il s'était tourné du côté de Paris. Il croyait pouvoir, comme tant d'autres, y faire son chemin et s'y créer une carrière qui répondît à son idéal de progrès et de bonheur; et il avait obtenu de ses parents l'autorisation d'aller au moins y essayer ses forces. Là encore, il avait rencontré bientôt la désillusion. Enfin, fatigué de ses vaines expériences, il était rentré dans son pays natal; il y avait retrouvé le calme en apparence plat et monotone de l'existence provinciale, au sein de laquelle les devoirs s'imposent dans toute leur étendue et avec toute leur sévérité.

Son esprit, surmené jusqu'alors dans le tourbillon de Paris, se sentait mal à l'aise au fond d'une petite ville. Il demeurait inquiet et flottant. Dès lors, comment aurait-il su ce qu'est une éducation?

Ces impressions furent plus profondément poignantes le jour où il se vit seul à son foyer, avec sa femme et son jeune enfant, et quand, devenu chef de famille, ses épaules furent tout d'un coup chargées du poids du gouvernement d'une maison. Plus tard, il nous les rappelait; il nous disait quel avait été son premier désarroi. Combien ne regrettait-il pas, à ce moment, d'avoir trop partagé les entraînements des jeunes gens de son âge vers les nouveautés à la mode, et d'avoir si peu profité de la société et de l'expérience de ses vieux parents ! Il avait été toujours pour eux un bon fils ; mais il avait vécu loin de leur action et de leur influence. Lorsqu'il était revenu près d'eux, ils s'étaient suivis de près dans la tombe. Il lisait et relisait, avec les larmes dans les yeux, leurs testaments.

« Je saisis cette dernière occasion, mon cher fils, pour te recommander de nouveau d'avoir constamment pour ta bonne mère la tendresse, la déférence, la soumission et le respect qu'un fils bien né doit à celle qui lui a donné le jour. Tu ne pourras jamais assez reconnaître les tendres soins qu'elle a pris de ton enfance, les sacrifices de tout genre qu'elle s'est imposés pour te procurer une bonne éducation, pour augmenter l'héritage dont tu dois jouir après nous, et pour te mettre en état de remplir avec distinction des fonctions honorables dans la société.

« O mon fils, reverse sur elle l'amour que tu avais pour moi, console-la de la perte de son époux, n'oublie rien de ce qui pourra adoucir ses peines et contribuer à son bonheur. Tu mériteras par là que le Dieu de miséricorde, qui est aussi le meilleur des pères, confirme la bénédiction paternelle que je te donne, en te disant un dernier adieu. »

Et la mère, s'inspirant de ce testament du père,

et presque dans les mêmes termes, avait écrit également :

« Je te recommande, mon fils, d'avoir sans cesse devant les yeux le souvenir de ton père. Tu ne peux avoir de guide plus sûr dans le chemin de la vertu...

« O mon fils bien-aimé, conserve de nous un fidèle souvenir, rappelle-toi toujours combien nous t'aimions. Reporte sur ton épouse chérie, et sur les enfants qu'il plaira à Dieu de te donner, l'amour que tu avais pour nous...

« Que notre souvenir vive au milieu de vous : c'est le dernier vœu d'une mère.

« Le Dieu de miséricorde nous réunira tous un jour, et c'est dans cette ferme espérance que je te donne, à toi et aux tiens, ma bénédiction maternelle. »

Ce fils, objet de telles tendresses, ne comprenait la valeur incomparable d'un semblable trésor qu'à l'heure même où il venait de lui être enlevé. Combien de fois, depuis, s'était-il reproché de l'avoir trop négligé ! Mais, alors même qu'il nous initiait à ses regrets, pour en faire le sujet d'enseignements utiles, il ne nous disait pas tout. Il nous laissait ignorer un des moyens par lesquels il avait travaillé dans la suite à faire de lui un homme nouveau.

C'est ce moyen qu'il nous a été donné de connaître, après sa mort, en recevant la communication de son Livre de raison. Nous croyons intéresser nos lecteurs, en reproduisant les premières pages de cette autobiographie domestique, à cause des grandes vérités d'observation qu'elles contiennent. Elles portent la date du 5 janvier 1840.

« J'ai souvent cherché à m'expliquer le nom de Livre de raison que l'on donne au registre principal dans lequel un père de famille note les faits essentiels de sa gestion, et en général tout ce qui lui paraît digne d'être conservé dans l'intérêt de ses affaires.

« Ce mot peut, à mon avis, se traduire ainsi : Livre où l'on se rend raison de ses travaux, de sa position, de sa fortune... Cette explication me suffit, et je l'adopte d'autant plus volontiers qu'elle exprime bien la gestion rationnelle de mon patrimoine, telle que je la comprends.

« Mon but n'est pas d'écrire ici des Mémoires, ou de faire une œuvre littéraire. Je veux simplement causer avec mon fils chéri de nos affaires ; je veux l'instruire exactement sur ma situation, afin que, si Dieu venait à me séparer de lui, il pût les continuer sans trop de désavantage pour la maison, et sans être obligé de se livrer à des recherches ou interprétations fatigantes dont le résultat est peu assuré.

« J'éviterai donc soigneusement tout ce qui pourrait m'écarter de ce but.

« Ce Livre me suivra dans les différentes périodes de ma vie, il progressera avec moi, et peut-être reflétera-t-il quelquefois la couleur de mon existence. Il sera toujours écrit sans prétention et d'un premier jet de plume[1]... Mes pensées exprimées de la sorte auront au moins le mérite d'être vraies.

« Il est impossible, quand on n'en a pas fait l'expérience, de se faire une idée des difficultés qu'éprouve un jeune homme en abordant les affaires seulement avec de l'instruction et de l'intelligence, mais sans méthode de travail et sans cadre régulièrement tracé... Combien, en se mariant, ignorent les premiers éléments de la première des sciences, celle du bon gouvernement d'une maison !

« J'ai pu apprécier par moi-même, dans toute son étendue, l'insuffisance de cette éducation, purement littéraire, donnée aux jeunes gens dans nos collèges et nos facultés, et qui, ne les initiant pas aux circonstances ordinaires de la vie, remet à la Providence le soin de leur inspirer une vocation. J'ai moi-même à me reprocher de n'avoir pas assez étudié la mienne.

« Mes bons parents, qui avaient sans cesse devant les yeux les sept ou huit générations d'avocats en la cour qui les avaient précédés, voulaient naturellement faire de moi un homme de robe... Malheureusement, pour la réussite de leurs projets, j'avais une aversion innée pour le Code, pour le barreau, pour les plaideurs, pour les bavards importants et importuns, et je ne pouvais entendre discuter une affaire

[1] On verra plus loin pour quels motifs, contrairement à ce qui est dit ici, il importe de ne pas écrire d'un premier jet de plume. Ce qui doit être inscrit dans le Livre de raison demande à être minuté au préalable avec soin.

litigieuse plus d'une demi-heure sans être distr ou sans m'endormir. J'aspirais, comme les âm inquiètes qui n'ont pas encore trouvé leur place e ce monde, à cette vie de Paris, dont J.-J. Roussea a dit qu'elle vous force, au bout d'un an, à êt quelque chose, à moins qu'on ne soit capable d rien.

« J'arrachai le consentement de mes vénérabl parents à mon voyage à Paris. Je vécus, dans cet grande capitale, de la vie d'homme d'étude et d lettres. J'avais vingt-quatre ans, quand je m'y ma riai... Le jour même de mon mariage, je commenç mon premier essai de Livre de raison... Puis je re vins en Provence, avec celle qui allait être associé à mon œuvre en ce monde. Mes bons parents atten daient avec joie mon retour, et ils nous accueillirent avec cette tendre effusion du cœur que l'on comprend si bien et qu'on exprime si difficilement... La maison avait été tapissée à neuf; des meubles plus élégants, quoique d'un luxe peu recherché, avaient été substitués aux anciens. Mes parents nous pressèrent sur leur sein; en se voyant renaître en nous, ils semblaient prévoir leur fin prochaine, et ils bénissaient la Providence de leur avoir ménagé cette dernière satisfaction.

« La première partie de ma carrière avait été exclusivement consacrée à mes études favorites. Je venais de me marier; j'arrivais à la gestion de mon patrimoine, au rang de chef de famille, représentant une longue succession d'aïeux, et je n'avais pas la moindre idée ni aucune des habitudes de la vie pratique. J'avais seulement de l'instruction et une passion véritable pour l'étude, qui se mêlait au désir d'acquérir une considération méritée dans la société, en contribuant pour ma part au bonheur de mes compatriotes.

« Combien ont été et sont dans la situation où j'étais alors, et par les mêmes causes ! Ils n'ont aucun plan de conduite, rien ne les a préparés à la pratique des choses.

« Cette éducation, je l'ai bien senti depuis, ne peut être bien faite que par un père déjà instruit par les leçons de l'expérience; et telle est la tâche à laquelle je veux me consacrer.

« Dès les premiers jours de ma gestion, j'ai essayé, il est vrai, d'écrire des notes; mais elles étaient tellement désordonnées que j'ai dû les livrer aux flammes, et je me bornerai à en transcrire ici la substance. C'est à partir de cette année 1840 seulement que ma position et mon plan de conduite ont pu se dessiner avec la clarté nécessaire...

« La vérité et la clarté, voilà tout ce que mon fils et mes descendants ont le droit de me demander.

« Je commencerai ce Livre de raison par une notice sur ma famille. J'engage mon fils et mes descendants à la conserver religieusement, non par un esprit d'orgueil, mais par un sentiment de respect et au nom du culte pieux que nous devons à la mémoire de ceux de qui nous tenons l'existence... »

Celui que l'expérience avait ainsi ramené au vrai

devait laisser en mourant une non moins belle profession de foi.

« Mon esprit, inquiet à la vue des nombreuses misères d'ici-bas, s'est souvent demandé pourquoi l'homme avait été mis sur la terre. J'ai cherché en vain une réponse à cette question dans les livres de philosophie et de science. Je dois déclarer ici en toute humilité que je n'ai trouvé qu'une seule réponse acceptable pour la raison : c'est celle que le catéchisme enseigne à tous dès l'âge le plus tendre; et il faut toujours y revenir. — L'homme a été créé et mis au monde, dit le catéchisme, pour connaître Dieu, l'aimer, le servir, et par ce moyen acquérir la vie éternelle. — Servir Dieu est évidemment le but de l'existence humaine...; aussi veux-je mourir dans le sein de l'Église catholique, apostolique et romaine, où je suis né et dans laquelle j'ai été élevé par des parents dont la piété était exemplaire. Le souvenir de leurs bons exemples m'accompagnera jusqu'au tombeau... »

Voilà donc un Livre de raison écrit en plein dix-neuvième siècle; et, ce qui est plus frappant encore, il nous fait toucher du doigt, par une expérience douloureuse, l'état actuel de beaucoup d'esprits. Un vide s'est fait au fond des éducations, du moins pour le plus grand nombre : cela n'est pas douteux, et il est trop certain encore que la religion elle-même ne réussit pas toujours à le combler, là surtout où la famille n'existe plus que de nom, sans tradition et sans direction.

Joubert exprimait bien cette situation morale, lorsqu'il disait :

« *Peu d'idées fixes et beaucoup d'idées errantes, des sentiments très vifs et point de sentiments constants, l'incrédulité aux devoirs et la confiance aux nouveautés, des esprits décidés et des opinions flottantes, l'assertion au milieu du doute, la confiance en soi-même et la défiance d'autrui, la science des folles doctrines et l'ignorance des opinions des sages, tels sont les maux du siècle.*

« *La coutume étant détruite, chacun se fait des habitudes et des manières selon son naturel, grossières s'il a le naturel grossier. Déplorables époques que celles où chaque homme pèse tout à son propre poids, et marche, comme dit la Bible, à la lumière de sa lampe*[1] *!* »

Nous venons de citer un Livre de raison entrepris en 1840. Voici le préambule d'un autre qui lui est antérieur. Commencé en 1812, celui-ci appartient à une époque et à un pays où, malgré toutes les corruptions du XVIIIe siècle qui ont dégradé et dissous les hautes classes à Paris et à Versailles, malgré la Terreur de 1793, qui a couvert de ruines les provinces, la tradition se maintient toujours dans de petites villes et dans beaucoup de centres ruraux, grâce à l'action de familles pénétrées de leurs devoirs.

[1] *Pensées de Joubert*, livre XVI.

« J'ai fait ce Livre de raison pour mes chers enfants; je désire qu'ils le regardent comme une preuve de l'extrême affection que je leur porte et de ma sollicitude pour leurs intérêts présents et à venir.

« Mon intention est qu'il reste au pouvoir de mon fils aîné, pour qu'il le continue et le transmette à ses enfants, afin de perpétuer parmi nous ce témoignage de notre attachement réciproque. *C'est le moyen d'améliorer le sort de la famille par une expérience domestique toujours plus sûre et plus efficace que le raisonnement*[1]...

« La plupart des hommes n'acquièrent la sagesse que par une expérience pénible et coûteuse. C'est à force de faire des fautes qu'ils apprennent à ne plus en faire; mais cette science leur arrive trop tard, lorsqu'ils sont déjà au bout de leur carrière. En vain disent-ils alors à leurs enfants : « *Si jeunesse savait! si vieillesse pouvait!* » Leurs conseils ne sont pas écoutés; les générations se succèdent, en roulant toujours dans le même cercle d'ignorance et d'er-

[1] On trouve chez les anciens le même langage adressé par les parents aux enfants, et reproduit par ceux-ci. Cicéron place sur les lèvres de Scipion Émilien ces paroles :

« Écoutez-moi, je vous prie, non comme un homme à qui les livres des Grecs seraient entièrement inconnus, ou comme un esprit entêté de leurs théories, ou commettant la faute, surtout en politique, de les préférer à nos antiques maximes; mais comme un Romain qui doit à la sollicitude de son père une éducation libérale, qui est enflammé depuis son enfance du désir d'apprendre, et *que l'expérience et les enseignements domestiques ont formé bien plus que les livres.* » (*De Republ.* I, 22.)

reurs, et l'inexpérience de la jeunesse ou les passions de l'âge mûr détruisent ainsi les maisons les plus solides que la prudence eût conservées.

« C'est pour éviter ce malheur, mes chers enfants, et pour tourner à votre avantage les fautes mêmes que j'ai commises, que je vais vous donner les règles de conduite suivantes. Je vous prie de ne jamais vous en écarter[1]. »

Ce n'est pas seulement en province que de si beaux conseils étaient donnés par les parents aux enfants, et mis par écrit, encore à cette époque. A Paris, et dans de très grandes familles, on en trouve d'exactement semblables. Les épreuves de la Révolution ont retrempé bien des âmes, et elles ont permis à d'autres d'agir plus efficacement pour la réforme des mœurs. La société du XVIIIe siècle s'est effondrée, victime d'un aveuglement presque sans exemple. Au lendemain des bouleversements qu'elle a produits, et sous la menace des périls qui assombrissent l'avenir, des mères de famille modèles font comme les pères dont on vient d'admirer les inspirations et le dévouement. Ainsi, Mme de La Rochefoucauld, duchesse de Doudeauville, trace à sa fille des règles à suivre dans le mariage et la vie domestique, et elle s'attache à lui inculquer la conviction que son bonheur et celui de tous les siens dépendront de sa fidélité à suivre ses avis.

[1] Livre de raison d'Antoine de Courtois.—Voy. *La Vie domestique*, t. I, p. 107-108, 127-128.

« Le bonheur dont je vous parle, et que la religion vous offre, prenant sa source dans la pureté du cœur et dans la paix de l'âme, qui en est l'heureuse suite, ne pourra être troublé ni par les événements, ni par les circonstances. Il répandra le charme sur toute votre vie.

« Le monde peut se bouleverser, les empires se détruire, les hommes se déchirer; mais il n'est point de puissance humaine qui puisse nous enlever ce bien précieux, et avec lui on peut tout supporter. *Ce n'est pas l'impression du sentiment qui me fait vous tenir ce langage; il est le fruit de mon expérience.* Puissé-je communiquer à votre âme la conviction que j'en ai retirée! Qui a parcouru la Révolution française et lui a survécu ne peut plus douter du néant des choses de la terre. J'ai vu s'évanouir les honneurs, les dignités, et avec elles ceux qui en étaient revêtus : les plus grandes fortunes, les mieux assurées, ont été anéanties; les grands noms traînés dans la boue, les réputations brillantes flétries; les établissements les plus utiles ont disparu; enfin, le trône et l'autel ont été renversés. Ce beau rêve, dont j'avais vu les hommes enivrés, auquel ils sacrifiaient leur santé, leur repos, leur conscience, huit ans plus tard n'existait plus.

« Dans ce renversement total, mon âme n'a-t-elle pas dû plus d'une fois s'écrier : « Vous seul êtes grand, ô mon Dieu! vous seul êtes stable, vous seul méritez qu'on vous aime de préférence, vous seul pouvez nous promettre et nous donner un bonheur durable. Tous les appuis humains dont je m'étais étayée se sont écroulés; vous seul me restez; mais, avec ce ferme appui, je puis tout supporter[1]. »

Vers le même temps, Mme de Lamartine écrivait dans son journal :

« J'ai connu ces fameux philosophes dans ma jeunesse. Faites, ô mon Dieu, que mon fils ne leur ressemble pas ! Je lui fais de bien fermes représentations sur le danger de ces idées[2]. »

Tant qu'ont vécu quelques-uns des représentants des générations ainsi formées à cette école de l'expérience, et chez lesquelles les parents parlaient de la sorte à leurs enfants, les vestiges encore subsistants des vieilles mœurs ont suffi pour servir de jalons. Il y avait toujours une lueur qui éclairait la voie. Mais, à mesure que les vieillards ont disparu, les jeunes gens se sont trouvés en présence d'une table rase où leur regard ne distinguait plus que des préjugés, des passions acharnées, des négations et des ruines. Comment n'auraient-ils pas perdu le peu d'idées nettes qui leur restaient sur les grandes vérités qui constituent la famille et la société tout entière ? Et,

[1] *Vie de Mme de la Rochefoucauld, duchesse de Doudeauville*; p. 140-142.

La fille à laquelle cette mère si parfaitement chrétienne adressait de tels avis disait plus tard : « En aimant ma mère, j'ai appris à aimer la vertu. *J'ai toujours cru entendre la voix de Dieu quand elle me parlait, et, en lui obéissant, c'est sa volonté que j'ai cru faire.* »

[2] Lamartine, *Le Manuscrit de ma mère*; Paris, Hachette, 1873.

dans un temps où tout était de plus en plus subordonné à un insatiable amour de l'argent, à la recherche de la vie facile et sans contrainte, comment ne se seraient-ils pas abandonnés au torrent ?

Plus tard, ces jeunes gens sont devenus des pères de famille; ils ont été chargés des plus redoutables responsabilités, dans des circonstances aussi graves que possible, au milieu de l'invasion d'un luxe inconnu à leurs pères, du moins en province, sous les coups de révolutions incessantes qui achevaient de détruire au cœur du pays les dernières forces de la vie.

Quelle enquête décisive que celle qui, pénétrant jusqu'au *fond des choses*, poserait à nos contemporains cette seule question : « Êtes-vous heureux? Ce qui faisait la joie de vos devanciers fait-il également la vôtre? Lorsqu'ils avaient beaucoup d'enfants, ils en remerciaient Dieu, et ils lui rendaient grâces de cette bénédiction. Le bonheur des nombreuses familles d'autrefois était dans l'union; or, l'union règne-t-elle dans votre intérieur? Le plus précieux des biens que les parents eussent à cœur d'assurer à leurs enfants était la paix; savez-vous quelles sont les conditions absolument nécessaires de cette paix, sans laquelle l'existence humaine, et les devoirs de chef de famille surtout, sont choses si pesantes? Est-il personne aujourd'hui, au foyer comme ailleurs, qui se croie ou veuille se tenir à sa place[1] ? Quels sont les rapports des époux, des pères

[1] « La paix des hommes, c'est l'union dans l'ordre; la paix

et des enfants, des maitres et des serviteurs?... »

Cette question renferme en elle la terrible question sociale, qui s'agite à l'heure où nous sommes.

La question sociale a son premier siège dans la famille. Là est la plus haute et la plus auguste des autorités, après celle de Dieu. Or, que devient cette autorité, en l'état de nos mœurs et de nos lois? Ce ne sont pas seulement les fils qui se révoltent contre les pères et perdent pour eux le respect; ce sont souvent les pères qui commencent par abdiquer et par ne plus se respecter eux-mêmes.

La clarté des idées nous manque en présence de tels problèmes. Et pourquoi? sinon parce que nous sommes hors des voies de l'expérience, de cette expérience qui faisait autrefois écrire les Livres de raison. Et de là vient qu'il n'y a plus que des apparences.

Nous glissons sur des surfaces; nous semblons ne plus prendre souci des réalités, tant nous avons peur de les envisager.

Ne craignons pas de le dire: — Si l'on veut travailler sérieusement à sauver la famille, et avec elle le pays, d'effroyables et irrémédiables catastrophes,

domestique, c'est, entre les hôtes d'un même foyer, l'union et l'ordre du commandement et de l'obéissance; la paix sociale, c'est, entre les citoyens, l'union et l'ordre de l'autorité et de la soumission; la paix de la Cité céleste, c'est l'ordre parfait, c'est l'union suprême dans la jouissance de Dieu et dans la jouissance mutuelle de tous en Dieu.

« *La paix de toutes choses, c'est la tranquillité de l'ordre; et l'ordre, c'est cette disposition qui, suivant la parité ou la disparité des choses, assigne à chacun sa place...* » (Saint Augustin, *La Cité de Dieu*, liv. XIX, 13.)

il n'y a pas de temps à perdre. Au XVIe siècle, nous l'avons raconté ailleurs, ce furent une multitude de pères modèles qui, en s'efforçant, à la sueur de leur front, dans leurs foyers urbains ou ruraux, de défendre leurs enfants et leurs serviteurs contre la contagion du mal, conservèrent à la France d'admirables écoles de vertu, d'où sortirent les grands hommes, les fermes caractères, les apôtres et réformateurs de l'époque de Henri IV et de Louis XIII [1].

« *Dans le plus malheureux des siècles*, écrivait l'un d'eux, *au milieu de la corruption et de la dépravation des mœurs, j'ai, autant que j'ai pu, conservé mon intégrité.*

« *J'ai regardé ma femme comme un autre moi-même. J'ai eu peu de faiblesses pour mes enfants; j'ai respecté l'humanité dans mes domestiques.*

« *Dans ma vie privée, le bien public a été ma plus chère préoccupation. Je l'ai mis avant tout, bien convaincu que le parti le meilleur et le plus sûr est de tout rapporter au bien général.*

« *J'ai éprouvé et j'ai toujours vu que la justice rendue à tout le monde indistinctement était le moyen le plus sûr de contenir les audacieux, même les plus scélérats, et de leur fermer la bouche* [2]. »

Jamais on ne vit tant de programmes d'éducation;

[1] *Une Famille au XVIe siècle.* — *Les Familles*, t. II, chapitre intitulé : « La crise du XVIe siècle. »

[2] Testament de Pierre Pithou (15 novembre 1587). — *Vie des frères Pithou*, par Grosley; 1786, t. II, p. 88-102.

ils étaient inspirés par l'énergie des sentiments religieux qui se réveillaient dans les âmes, par une émulation toute patriotique qui allait au-devant des besoins de rénovation. Jamais, aussi, des savants éminents ne s'appliquèrent avec plus d'éloquence à tracer la voie droite où la nation retrouverait la paix.

« Le père de famille, disait Olivier de Serres, sera averti de s'estudier à se rendre digne de sa charge, afin que, sçachant bien commander ceux qu'il a sous soy, il en puisse tirer l'obéissance nécessaire (ce qui est l'abrégé du mesnage).

« Ce luy sera un grand support et aide que d'estre bien marié et accompagné d'une sage et vertueuse femme, pour faire leurs communes affaires avec une parfaite amitié et bonne intelligence. Et, si une telle luy est donnée de Dieu, qui est descrite par Salomon, il se pourra dire heureux et se vanter d'avoir rencontré un bon trésor, estant la femme l'un des plus importans ressorts du mesnage, de laquelle la conduite est à préférer à toute autre science de la culture des champs, où l'homme aura beau se morfondre avec tout art et diligence, si les fruicts en provenant, serrés dans les greniers, ne sont par la femme gouvernés avec raison...

« Par telle correspondance, la paix et la concorde se nourrissans en la maison, vos enfans en seront de tant mieux instruits et vous rendront tant plus humble obéissance que plus vertueusement ils vous verront vivre ensemble.

« Cela mesme vous fera aussi aimer, honorer,

craindre, obéir de vos amis, voisins, subjects et serviteurs. Et, par telle marque, estant vostre maison recogneue pour celle de Dieu, Dieu y habitera, y mettant sa crainte, et, la comblant de toutes sortes de bénédictions, la fera prospérer en ce monde...

« Par là, nous apprendrons de policer nostre maison, spécialement d'instruire nos enfans dans la crainte de Dieu, nos serviteurs aussi, afin qu'avec la révérence qu'ils nous doivent chacun fasse sa charge sans bruit, vivans honnestement et religieusement, sagement se comportans avec les voisins... [1] »

Puisse ce programme, tracé par un grand maître, devenir celui des pères de famille de notre temps! Les périls actuels sont bien autrement redoutables que ceux du XVIe siècle; par l'effet du renversement des premiers principes, tout est menacé, et tel est notre état moral que tout tombe en poussière, sans qu'on y fasse attention. Au XVIe siècle, quelles que fussent les commotions politiques, et quoi qu'il arrivât au dehors, un point, en quelque sorte central, demeurait immuable; en lui étaient le refuge de la conscience et des grandes vérités d'expérience, l'asile de la raison, de la réflexion, du bon sens populaire: c'était le foyer. L'autorité paternelle le régissait sous l'égide du respect de Dieu. Aujourd'hui, à quelle instabilité n'est-il pas réduit? Depuis longtemps, il

[1] *Théâtre d'agriculture et Mesnage des champs*, liv. I, chap. VI.

cessé d'exister pour les ouvriers des villes; déjà on signale son ébranlement dans les profondeurs des campagnes; les montagnes elles-mêmes ne sont plus des barrières contre l'ennemi; et le jour est proche où l'erreur aura porté les derniers coups à cet ordre traditionnel que tous les peuples sans exception, même les païens, ont regardé comme le fondement de toute société, de toute civilisation. Quant aux classes auxquelles on continue de donner le nom de « classes dirigeantes », en fait elles se sont condamnées à ne plus rien diriger : détachées du sol et des devoirs qu'il impose, livrées à une vie nomade et cosmopolite, menant une existence artificielle, elles s'annihilent chaque jour davantage et trop souvent laissent à l'abandon les grands intérêts qui les touchent de plus près. Dès lors, comment seraient-elles en situation de porter remède au mal?

Que chacun s'interroge soi-même; qu'il se demande s'il fait ce qu'il doit, tout au moins dans le groupe domestique dont il est le chef et dans le pays auquel il appartient!

Y a-t-il des principes fixes, constants, universels, nécessaires, dont le premier support est dans la famille? Quels sont-ils? Qu'on se pose cette question, non pour la traiter en théoricien, mais pour tirer les conséquences de vérités essentiellement simples. En définitive, au XIXe siècle comme dans les siècles les plus reculés de l'histoire, au sein de notre civilisation compliquée de même que dans les civilisations primitives, la science des sciences, celle de la vie, n'a pas changé; et les faits prouvent qu'elle dépend toujours de préceptes élémentaires, que la religion a seule le pouvoir de faire mettre en pratique, que le père a le devoir d'inculquer à ses enfants par ses leçons et ses exemples.

Voilà une science qu'il est temps de dégager du chaos d'idées confuses où elle s'obscurcit et se perd. Il faut la réapprendre, si on l'a oubliée; il faut s'en pénétrer, la remettre en honneur, la rendre accessible et lumineuse à tous. Le jour est venu de travailler énergiquement, résolûment, à cette œuvre; sans quoi nous ne résisterons pas à des agents et ferments de destruction tels que le monde n'en a jamais connu de pareils.

Un savant du premier ordre, M. Le Play, aura la gloire d'avoir restauré cette science si nécessaire, et d'avoir tracé la voie à suivre pour la faire fructifier. Ses monographies de familles ouvrières nous ont ramenés aux réalités de l'organisation du travail [1]; elles nous ont montré par quelle méthode, l'esprit d'attention renaissant en nous, nous redeviendrons aptes à entreprendre utilement les vraies réformes.

Mais sachons que cette méthode n'est pas nouvelle, et que les familles des classes dirigeantes n'ont eu autrefois un si durable ascendant sur le pays que parce qu'elles s'appliquaient à la pratiquer pour elles-mêmes. Leur longue stabilité témoigne

[1] *Les Ouvriers européens :* études sur les travaux, la vie domestique et la condition morale des populations ouvrières de l'Europe. — Voy. la deuxième édition, revue et augmentée, en six volumes in-8°, qui est à cette heure en cours de publication (Mame et fils, Tours, 1877-1878).

de la prudence avec laquelle elles se gouvernaient.

Enfin, n'oublions pas un autre fait important. Beaucoup des familles dont nous parlons ont vécu dans des temps troublés et difficiles, et cependant elles sont restées debout, elles ont maintenu en elles des forces morales d'une valeur incomparable. Comment un tel phénomène s'est-il produit? Voici leur réponse; nous l'empruntons au témoignage d'une simple femme, qui avait vu de près les désordres du XVIe siècle; et c'est la conclusion même de Jeanne du Laurens qui va inspirer la nôtre.

« Descrire au long toutes les particularités de la vie et déportemens de feus mes père et mère, de tous mes frères et sœurs, seroit trop long et ennuyeux. Mais j'ay escrit ce discours le plus briefvement qu'il m'a esté possible, afin que mes enfans, ceux qui despendent de moy ou m'attoucheront, voyent comme mes devanciers ont vescu, et qu'en bien vivant Dieu assiste tous-jours les parens...

« Aussi, je désire et prie Dieu de bon cœur que tous ceux qui despendent de moy vivent si contens que moy en cet endroit. Quand je parle avec quelques sortes de gens et leur raconte ce discours cy escrit, ils me disent : « *C'estoit un temps bien autre et meilleur que le présent.* » Mais je responds : « *Tous temps sont bons pour vivre bien et vertueusement. Dieu est aussi puissant que pour lors, moyennant que nous taschions de nous rendre dignes de ses grâces et que nous ne soyons pas ingrats. La fin couronne l'œuvre comme vous avez veu. Dieu soit loué!...* »

III

DU RÉTABLISSEMENT DES LIVRES DE RAISON

Il s'agit de rendre à notre pays les organes mêmes de la vie, et avec eux cette énergie du bon sens faute de laquelle il se débat dans l'impuissance. Il est urgent d'y recréer à tous les degrés une tradition nécessaire.

Avant les événements de 1870, un conférencier, parlant à un auditoire d'ouvriers, leur disait :

« N'avons-nous pas une famille ? Où est son histoire? Interrogez le premier d'entre nous : c'est à peine s'il a conservé dans la mémoire quelque vague souvenir de son grand-père. Ne le questionnez pas sur son bisaïeul; il n'a jamais pensé que son aïeul ait eu un père, et votre demande l'étonnerait fort. »

Or, ce conférencier, après avoir signalé le mal, proposait aux ouvriers qui l'écoutaient un moyen pratique d'y remédier. Il leur recommandait l'usage d'une sorte de journal, ou *Livre de famille*, qui deviendrait le *Livre du foyer*, et où chacun d'eux inscrirait son nom, la date de sa naissance, son entrée en apprentissage, son mariage, etc., les événements relatifs à chacun de ses enfants, en joignant à chaque notice une photographie.

« Pensez-vous, ajoutait-il, que ce journal du foyer serait chose superflue ? Je ne veux qu'indiquer un des nombreux avantages que procurerait sa tenue... Livre saint de la famille, il serait le guide, le tuteur, le soutien de chaque nouvelle génération, qui puiserait dans le respect de ses devancières la force morale de la solidarité, du devoir et de la tradition [1]... »

Mais, à l'époque où cela était dit et écrit, la nation, aveuglée par les excès de la prospérité, croyait pouvoir jouir en toute sécurité d'un progrès prétendu indéfini, sans avoir besoin de se réformer; aussi l'idée du livret de famille resta-t-elle sans écho. Survinrent de terribles désastres, les incendies de la Commune; et alors, comme on l'exprimait très bien naguère, « une civilisation sans Dieu fut amenée à demander à la famille une aide, une sûreté, et à lui conseiller une pratique que les mœurs simples et chrétiennes de nos pères avaient naturellement établie [2]. »

[1] Évariste Thévenin, *Entretiens populaires*, 7e série; conférence sur les mœurs des Gaulois. Paris, Hachette, 1866.

[2] Rapport de M. le marquis de Beaumont à l'assemblée générale de l'*Union catholique et sociale de la Touraine*, du 21 juillet 1877.

Du sein de nos épreuves sont sortis quelques essais; si incomplets qu'ils soient, ils méritent d'être signalés.

Sur la recommandation de la commission chargée de reconstituer les actes de l'état civil du département de la Seine, et sur l'avis favorable du ministère de l'intérieur, beaucoup de municipalités, à l'exemple de celles de Paris, ont adopté un type de livret et en ont établi l'usage, au nom d'un grand intérêt de conservation. — Sur la première page de ce livret, formé de quelques feuillets, l'officier public inscrit les noms, prénoms, qualités, domicile des deux époux, et leur filiation, les dates de leur naissance, de leur mariage, de leur contrat de mariage, etc... La deuxième page et les suivantes sont réservées pour les naissances et décès. Le chef de famille est invité à mettre en lieu sûr un document si précieux, et à le présenter chaque fois qu'il y a lieu d'y ajouter une nouvelle inscription.

On ne peut certes qu'applaudir à une telle mesure. Le fait seul de son établissement par voie administrative est un des signes du temps; mais ce n'est point un motif pour ne pas l'apprécier à sa valeur.

Des journaux, des associations de bien public, non seulement en France, mais à l'étranger, ont émis la pensée qu'il y avait quelque chose de plus à faire. Il y a eu dans cette direction des vœux exprimés, un appel direct venu de l'opinion et de l'initiative des gens de bien[1].

[1] « Le Conseil de l'Union catholique et sociale de la Touraine

On a dit : Quelle différence entre un livret qui se borne à recevoir, par les soins d'un agent administratif, la simple mention d'actes de l'état civil, et les anciens Livres de raison où se trouvait relatée, par les parents, toute la tradition des familles, où prenaient place la religion, la morale, l'économie, etc.!

Reste à savoir comment une œuvre plus complète et ayant une plus haute portée devrait être entreprise. Et d'abord est-il possible de la rendre de suite populaire? Un petit livret, destiné au peuple, serait-il compris, lors même qu'on le ferait précéder d'une notice explicative et qu'on l'accompagnerait d'un formulaire?

Qui ne voit combien il importe de s'adresser d'abord aux familles qui sont en situation de donner l'impulsion et l'exemple, de tracer et d'éclairer la voie? Chose difficile, même pour les gens de bien, que d'avoir à s'orienter dans la nuit noire, et quand les chemins sont rompus! Autrefois, la coutume étant

crut que, sans préjuger ce nouvel usage, il serait bon d'en compléter l'application, et qu'à côté du livret administratif, — qui n'est, à tout prendre, que la réunion de quelques feuilles volantes, — un autre livre trouverait sa place : livre modeste aussi dans sa dimension, mais empruntant à une reliure des conditions de durée, et comprenant en abrégé ce que l'esprit chrétien inspirait à nos pères d'inscrire sur leurs Livres de raison.

« A cet effet, et pour faire revivre une coutume trop oubliée, il lui parut nécessaire que la première partie du Livre fût consacrée à un historique sommaire du Livre de raison; et le Conseil de l'Union énonça le désir que demande en fût faite à M. de Ribbe. » (*Rapport de M. le marquis de Beaumont*, déjà cité.)

établie, les enfants continuaient sans peine ce qu'avaient fait leurs pères; aujourd'hui, sauf quelques rares exceptions, les classes dirigeantes ont perdu la notion pratique de ce qui leur serait cependant si facile. Un plan, une méthode, un programme sont donc nécessaires.

C'est ainsi que s'est produite l'idée d'un type, d'un modèle, non plus seulement sommaire, mais suffisamment développé, d'un Livre de raison. Elle est née de l'opinion réfléchie qu'il fallait donner au relèvement de la famille et de l'esprit de famille un point d'appui et aussi un point de départ[1].

Ce Livre de raison serait enrichi de textes qui seraient autant de formules consacrées du vrai et du

[1] Le *Bien public de Gand* terminait ainsi un compte rendu de notre livre sur la *Vie domestique*, le 19 février 1877.

« Nous engageons vivement M. de Ribbe à persévérer dans sa voie... Pourquoi, dans un prochain ouvrage, M. de Ribbe n'entreprendrait-il pas *directement* de remettre en honneur ces Livres de raison dont toutes les pages de ses écrits attestent l'heureuse efficacité? Qu'il nous donne des Livres de raison tout préparés, dont les familles n'auraient qu'à remplir les pages. Une introduction, placée en tête du volume, en expliquerait l'usage par l'exemple de nos pères. Quelques préceptes graveraient, en un petit nombre de traits, le code de la famille chrétienne... Il est facile d'entrevoir le succès de cette restauration de la vieille coutume; il n'y aurait bientôt plus un foyer où ne fût écrit un Livre de raison. »

Un semblable appel nous était adressé, à la fin de cette même année 1877, au nom de la confrérie Saint-Michel de Belgique, par M. Charles Périn, son éminent président.

L'Avertissement placé en tête de notre volume explique comment notre travail a dû être publié séparément du registre à pages blanches que les familles auront à remplir.

bien, dans leur application au gouvernement domestique. Les familles y trouveraient une sorte de « cours d'expérience[1] », un idéal sensible des vertus, dont la coutume constante des foyers les plus heureux démontrerait la puissante efficacité. Chacun pourrait s'en inspirer selon sa position; les parents n'auraient qu'à suivre ce sillon de lumière; ils seraient assurés de marcher sous la conduite des meilleurs guides. Des exemples fournis par les diverses conditions sociales, par les plus modestes comme par les plus élevées, permettraient à tous de se convaincre que, partout et toujours, les mêmes principes et les mêmes préceptes ont été justifiés par une pratique infaillible dans ses résultats.

Cette forme traditionnelle se recommande d'elle-même, comme une véritable consécration donnée aux conseils paternels et maternels, et aux diverses constatations de faits intéressant la vie et l'économie domestique. N'oublions pas que tout ce qui, dans le passé, a échappé à l'action du temps, n'a dû un tel privilège qu'au respect de rites presque religieux. Il n'est donc pas inutile de rechercher et d'observer ces rites, en ce qui touche la rédaction des annales de la famille; il faut placer l'accomplissement d'un véritable acte de conscience sous l'égide de formes qui le signalent et même l'imposent à la vénération de ceux auxquels il s'adresse et doit profiter.

[1] « *Au nom du Père, du Fils et du Saint-Esprit.* — Un père doit à ses enfants, un citoyen à sa patrie, le compte de sa vie; c'est un cours d'expérience des plus utiles. » — Livre de raison d'Ange-Paul-Louis de Gardans, commencé à Marseille en 1765.

Quant au cadre et aux divisions, ils ont aussi une sérieuse importance.

L'entreprise rencontre sous ce rapport beaucoup d'écueils. Combien, de nos jours, ont commencé leur Livre domestique, et l'ont ensuite abandonné parce qu'ils manquaient de méthode et de plan !

Mais un plan est-il possible à tracer en pareille matière ? Au fond, quoi de plus essentiellement personnel que la composition d'une œuvre tout intime ! Et, dès lors, quoi de moins aisé à délimiter !

Ces difficultés peuvent être résolues, si l'on se rend un compte exact du but à atteindre.

Et d'abord, un Livre de raison[1] ne doit pas se confondre avec des Mémoires proprement dits. La vie publique peut y être indiquée; on n'oubliera pas néanmoins que son objet principal est la vie privée. Il ne saurait davantage être une œuvre exclusivement individuelle. On a publié de nos jours des manuscrits dans lesquels des femmes éminentes et d'éloquentes jeunes filles, aspirant à un idéal de perfection, avaient l'habitude de consigner jour par jour l'état de leur âme; et nous y admirons toute une fleur de sentiments qui ravit et enchante, et des observations souvent profondes sur le monde de la conscience. Ces journaux représentent le *moi intérieur*. Les Livres de raison appartiennent à un ordre, non très différent, mais très distinct,

[1] Cette dénomination étant consacrée par une longue tradition dans les diverses parties de la France où étaient tenus le plus généralement les Livres domestiques, nous croyons devoir la maintenir.

puisqu'ils sont destinés à devenir les annales du foyer.

Enfin, le journal des affaires courantes, dans lequel sont notés, à la date où ils se produisent, les événements un peu importants, mêlés aux détails d'administration, ce journal est nécessaire. Mais on sera toujours conduit à en extraire ce qu'il y a d'essentiel, et à coordonner ces extraits dans un registre particulier.

Le Livre de raison devant être le *Livre d'or* de la famille, il résumera donc simplement la substance des choses, selon la coutume; et il se divisera naturellement en trois parties, répondant aux trois phases de l'existence de cette famille : LE PASSÉ, LE PRÉSENT, L'AVENIR.

Le passé, c'est la généalogie, ou, si l'on veut, la souche domestique et son histoire;

Le présent, c'est le ménage actuel, dont on est le chef;

L'avenir, ce sont les enseignements laissés par les parents à leurs enfants.

Les notices que nous allons consacrer à chacune de ces parties en déterminent l'objet propre et le sommaire. Nous procédons par exemples : ce sont des jalons qui marquent la voie. Nous encadrons dans de courtes observations, dont le but est de rappeler les principes, les formules qui en traduisent sensiblement la pratique : ce sont des modèles dont on pourra s'inspirer, *non pour les reproduire textuellement, mais pour en imiter la simplicité et la précision.*

Notre phraséologie moderne nous a fait perdre beaucoup de cet art souverain, soit parce que l'absence de principes a détruit la clarté des idées, soit aussi parce que nos éducations ne connaissent plus les fortes disciplines d'autrefois. Le discrédit où sont tombés les anciens y contribue également. Nos pères, par respect pour la tradition, lisaient beaucoup les modèles de l'antiquité; de là, chez eux, l'habitude de condenser dans des maximes le suc des vérités sur lesquelles ils instruisaient leurs enfants : ce qui ne les empêchait pas de laisser un libre cours à leurs sentiments, mais toujours avec un style mesuré, qui gravait d'autant mieux dans la mémoire l'idée, le fait à retenir.

En comparant les Livres de raison des diverses époques, nous avons été frappé d'un autre fait. Les écritures ne sont pas toujours belles, mais elles sont toujours nettes[1]. Les lignes sont bien espacées; par là les inscriptions ou annotations sont mises dans tout leur relief.

Cela n'est pas à négliger non plus de nos jours. Il faudrait que l'on mît une certaine application à écrire lisiblement; il serait à désirer que la tenue matérielle du Livre traduisît au dehors l'esprit d'ordre qui l'a dicté, en sorte que, plus tard, il fût

[1] Exceptons celles du XVIe siècle.

lu non seulement avec profit, mais avec plaisir, par les enfants.

Il y a lieu de faire par dessus tout une recommandation capitale : c'est celle de ne rien marquer, sans l'avoir minuté au préalable avec soin. On ne doit pas s'exposer à des retouches, à des ratures ; on se gardera de cette prolixité de plume, de ces détails excessifs, qui finiraient par dénaturer le caractère du *Mémorial domestique* et lui enlèveraient même sa valeur.

Tel est, dans son cadre, ses divisions, sa méthode, le Livre de raison que nous offrons aux familles. Il n'est pas notre œuvre, une création de notre esprit. Ses véritables auteurs sont les pères et mères qui, en pratiquant fidèlement la loi de Dieu, seuls ont mérité de trouver et d'assurer le bonheur à leurs enfants et descendants. Voilà les maîtres qui ont qualité pour nous enseigner à nous-mêmes les moyens de nous réformer, en revenant à la tradition.

CHARLES DE RIBBE.

UN LIVRE DE RAISON

D'APRÈS LES MODÈLES

I

PRÉAMBULE DU LIVRE DE RAISON

La plupart des auteurs, en publiant un livre, lui donnent un avant-propos. Afin de mieux fixer tout de suite l'attention du lecteur, ils placent une ou deux pages en tête de leur œuvre.

Pourquoi le Livre intime de la famille, lui aussi, ne serait-il pas précédé tout au moins de quelques lignes? C'était l'ancienne coutume, et nous croyons devoir rappeler la manière dont elle était généralement pratiquée.

D'ordinaire, on commençait par inscrire au haut de la première page, après celle du titre, le signe de la croix, le symbole de la rédemption; et on le faisait suivre d'une invocation à Dieu et d'un préambule.

Dieu était invoqué, comme pouvant seul donner au Livre domestique un caractère qui le recommandât à la vénération de tous. On écrivait simplement : « *Au nom du Père, du Fils et du Saint-Esprit; — A l'honneur et gloire de Dieu.* » Ou bien l'on se servait des formules latines consacrées par l'Église : « *Ad majorem Dei gloriam; — Soli Deo honor et gloria.* » Et enfin, on empruntait une ou plusieurs maximes aux Livres saints, pour exprimer la pensée inspiratrice du Livre de raison : « *Redde rationem villicationis tuæ; — Nisi Dominus ædificaverit domum, in vanum laboraverunt qui ædificant eam; — Generatio rectorum benedicetur.* »

Il n'est pas rare de voir cette invocation à Dieu se produire avec des développements plus étendus. Voici une des formules employées depuis les temps les plus anciens jusqu'à la fin du dernier siècle; le fond reste toujours le même, sauf les variantes :

« Au nom du Père, du Fils et du Saint-Esprit, de la glorieuse Vierge Marie, de saint Alexandre mon patron, de mon bon ange gardien, et de tous les saints et saintes du paradis, à qui soient donnés pour toujours honneur, gloire et louange, et à nous la grâce de bien vivre en ce monde, pour avoir part au saint paradis à l'heure de nostre mort. Ainsi soit-il.

« 1680.

« Livre de raison tenu par moy, Alexandre de Fresse de Monval, de ce lieu de Valensolle [1], dans lequel sont contenus tous les actes que j'ay faicts

[1] Basses-Alpes.

dans le cours de ma vie, et d'où mes enfans et successeurs pourront tirer toutes les lumières qui leur seront nécessaires[1]... »

Quant au préambule, son but était de bien préciser le but de l'institution dans l'ordre spirituel et temporel :

« L'intérêt des familles veut qu'on tienne des Livres de raison où, après avoir escrit sa généalogie, ses alliances, sa naissance, son mariage, ses biens et leur inventaire, on adjouste quelque Mémoire en forme de maximes, lesquelles, fondées sur l'honnesteté, produisent aux héritiers des effets très profitables au spirituel et au temporel.

« IN NOMINE DOMINI. — Ce 9 juin 1680, jour de la Pentecoste, après avoir demandé ce matin à Dieu, par une communion, que, si le peu de bien que je possède est mal acquis, ou s'il donne à moy et à mes enfans matière à offenser sa souveraine bonté, je le supplie de m'en priver, et eux aussi, je commence par ma généalogie... » *Livre de raison de J.-B.-Joseph de Sudre*, Avignon, 1680.

Jean-Pierre de Berluc écrit de même en 1729 :

« Au nom du Père, du Fils et du Saint-Esprit, ainsi soit-il. J'ay commencé ce Livre de raison le 8

[1] Les *Ricordi* ou *Ricordanze*, en Italie, contiennent des formules presque exactement semblables dès le XIIe siècle.

du mois de juin 1729, pour donner autant que possible une parfaite connaissance de mes affaires à mes héritiers... Je prie le Seigneur que, s'il luy plaît de me permettre de remplir ce dessein, ce ne soit que pour sa plus grande gloire et pour mon salut. Amen. »

D'autres préambules sont d'une rédaction moins didactique; leurs auteurs semblent avoir pris à tâche de leur donner un tour tout particulier, pour mieux frapper l'esprit de leurs enfants, et on les trouve écrits à peu près sous la forme populaire dans laquelle sont encore enseignés de nos jours les commandements de Dieu. Ce sont des vers libres, et il ne faut certes pas y chercher la poésie; mais la simplicité ronde et franche avec laquelle ils expriment l'idée essentielle à retenir n'est pas sans charme. Déjà, dans nos études sur les *Familles* [1], nous avons cité des préambules de ce genre, appartenant à des registres de notaires. Mentionnons-en un qui nous vient d'un médecin de vieille race. André Clappier, établi dans la petite ville de Moustiers (Basses-Alpes), décore d'un beau titre en latin son Livre de raison : — « *Ad sui suorumque utilitatem hunc rationis Librum scribit Andreas Clappier, doctor medicus, anno Domini* 1740. *Ad majorem Dei gloriam Virginisque Mariæ.* » Puis, s'adressant à ses deux fils, il leur parle en ces termes :

« Lisez souvent, mes fils, avec attention
Ces écrits que j'ai faits pour votre instruction.

[1] Tome I, chap. II.

Vous en retirerez un très grand avantage.
Ils renferment d'abord les mœurs d'un homme sage.
Vous y lirez encore un avis important
Sur l'étude et le choix d'un établissement,
Un mémoire rempli de choses remarquables
Qui par leur rareté vous seront agréables.
J'y décris un état de tous mes biens fonciers,
Des livres de mon art et de tous mes papiers.
Vous y verrez marqué le jour qui m'a fait naître,
Celui de mon hymen auquel vous devez l'être.
Il y paroît surtout des procès la longueur,
Le chagrin, la dépense et l'état d'un plaideur
Qui, contre sa partie ayant gagné l'affaire,
Au bout du compte n'a que papier et misère.
Le nombre des aïeux de plus vous y verrez;
Leurs armes et leurs noms vous y remarquerez [1].

[1] André Clappier ne se borne pas, selon la coutume, à mentionner ses armes dans son Livre de raison. Il en donne une explication qui lui dicte son esprit profondément religieux.

« Nos armoiries, dit-il, consistent en un écusson un peu ovale, orné d'un casque en face, et dont le champ est de gueules, portant une croix d'argent enclavée dans un clapier de pierres. J'ai fait à leur sujet les vers suivants :

« Cur cruce Clapperium voluerunt decorare, nepotes,
Si nos non signant signa cruenta crucis?
Ut vexilla crucis merito portare queamus,
Passio, mors et amor sunt recolenda Dei. »

« Traduction des susdits vers :

« Pourquoi vouloir, mes fils, nous donner la licence
D'orner notre Clappier de l'arbre de la croix,
Si ces signes sanglants de douleur, de souffrance,
N'impriment dans nos cœurs de l'amour pour les croix?

« Pour pouvoir arborer avec quelque justice
L'étendard de la croix de Jésus le Sauveur,
Il nous faut méditer son sanglant sacrifice,
Sa passion, sa mort et l'amour de son cœur! »

Enfin j'y règle tout, tant rente que dépense;
Après quoi, rien de plus.
Puissent mes fils avoir mon souvenir longtemps,
Lire et bien pratiquer mes avis importants! »

Ces avis importants ressemblent beaucoup pour le fond aux conseils d'Antoine de Courtois, qui leur sont postérieurs de plus d'un siècle; en eux se résume toujours et invariablement la substance même de la tradition. « Je veux, mes enfants, dit André Clappier, je veux vous donner quelques leçons qui regardent la science du salut, et aussi quelques-unes particulières qui tendront à la même fin, en assurant votre bonheur temporel et vous rendant honnestes hommes dans le monde... » Nous ne saurions reproduire ici tout ce qu'il y a là d'enseignements solides sur la religion, sur les mœurs, sur le mariage, sur le dévouement au prochain et sur le devoir absolu de fuir les procès, ces tristes procès dont les résultats viennent d'être signalés en termes si saisissants... Arrêtons-nous simplement au préambule; et notons, pour notre instruction personnelle, la parfaite netteté avec laquelle y est marqué le but pratique du Livre de raison.

II

LES PHOTOGRAPHIES DE FAMILLE

On pourrait donner un grand attrait au Livre de raison qu'il s'agit de rétablir dans les mœurs, en plaçant immédiatement après le préambule, et avant l'image des membres actuels de la famille, celle des aïeux. — « *Et majores vestros cogitate.* » — On réaliserait ainsi, sous une forme toute moderne, ce que nos pères n'auraient sans doute pas manqué de pratiquer si la photographie avait existé de leur temps.

Autrefois, partout où se trouvaient quelques conditions d'aisance, et jusque dans les villages, il était habituel que les chefs de famille fissent faire leur portrait, et cet événement était relaté dans le Livre de raison :

« L'an 1724, et dans ce mois de juin, j'ay fait faire

mon portrait et celui de mon épouse, par M. Adanet, du lieu de Sommières, qui s'est trouvé par hasard dans ce pays. C'est dans la quarantième année de mon âge et dans la vingt-troisième de celui de mon épouse. Les deux m'ont coûté cinquante livres. » *Livre de raison de J.-B. de Villeneuve-Esclapon*, Valensolle, Basses-Alpes.

L'artiste était plus ou moins habile : la province en avait et en gardait alors beaucoup d'excellents, qui eussent pu faire fortune à Paris; et les toiles souvent remarquables qu'ils ont laissées dans des maisons très modestes en sont le meilleur témoignage. Mais il y en avait aussi de médiocres. N'importe; pourvu que la ressemblance fût obtenue, les enfants étaient satisfaits, ils étaient sûrs d'avoir toujours sous les yeux les traits de leurs bons parents; et c'est ainsi que, le long des murs de la pièce principale du logis, au salon, se collectionnaient des galeries de tableaux, dans lesquels les nouveaux venus apprenaient de bonne heure à connaître, à vénérer et à imiter leurs respectables ancêtres [1].

Aujourd'hui, que deviennent trop souvent ces ta-

[1] André Lefèvre d'Ormesson dit au sujet des portraits de son père :

« La reconnaissance m'a obligé de les conserver, et encore de composer ce discours en son honneur, qui contient ses actions principales, ses qualités et perfections, pour servir de patron et d'exemplaire très digne d'être proposé et mis devant les yeux. »

leaux? Hélas! s'il n'y a pour eux un égal esprit de espect chez tous les fils, filles et gendres, ils sont ondamnés à se disperser; ils finissent même par tre livrés à l'encan : tel est le triste résultat de parages exécutés sans le moindre souci de traditions qu'il serait dans l'intérêt de tous de conserver.

Du moins, qu'on les reproduise, et qu'on les fixe en quelque sorte dans le Livre de raison par la phoographie.

Au-dessous des portraits des ancêtres et de ceux des membres actuels de la famille, il faudrait avoir le soin d'écrire les noms et prénoms; sans quoi, après une ou deux générations, ils risqueraient fort de ne plus représenter que des inconnus.

Qu'on nous permette de signaler dans ce genre un modèle des plus propres à intéresser. Jusqu'à ce moment, ce sont des faits, des témoignages que nous avons recueillis. Ici, nous trouvons plus encore : ce sont les témoins qui nous sont représentés en personne; c'est toute une scène d'intérieur vraiment caractéristique. Un tableau, peint à la sépia, s'offre à nous comme le complément d'un Livre de raison, et nous lisons au bas l'inscription suivante : « *André Clappier, né en* 1688, *dictant ses conseils à ses enfans.* »

Le médecin de Moustiers, dont nous avons cité plus haut le préambule versifié, nous y est montré entouré de tous les siens. Les noms sont exactement marqués, en sorte qu'il n'est pas possible de s'y tromper. Il tient en main son Livre de raison, et il en donne lecture. Qui n'a eu occasion de rencontrer quelqu'une de ces anciennes estampes, où étaient figurées des assemblées plénières et solennelles des états généraux? On y voit le roi promulguant des édits du haut de son trône. André Clappier nous fait assister de même à une grande solennité de son foyer; il est dans l'exercice de sa souveraineté domestique, et les états généraux de la famille sont tenus pour recevoir ses instructions. — A droite, et à l'extrémité du salon, le fils cadet, Joseph, notaire royal, assis à une table, met toute son attention à écrire les instructions, à mesure qu'elles sortent des lèvres du père. Près de lui, Pierre, le fils aîné, est debout; celui-ci est prêtre et déjà curé de la paroisse du Puget, près Fréjus. Catherine, l'aînée de quatre sœurs, dont trois sont mortes et ont laissé un deuil profond après elles, est à genoux; elle prie pour les chères défuntes, en égrenant son chapelet. — A gauche, la mère, Élisabeth Brunet, file au fuseau le chanvre qui servira bientôt à faire de la toile de ménage : ce fuseau est comme l'insigne d'honneur de son ministère. Enfin, Marguerite-Thècle Carbonel de Châteauneuf, femme de Joseph, veille sur deux très jeunes enfants, nouveaux rejetons de la famille, son avenir, son espérance, et qui, en attendant de s'occuper de choses plus sérieuses, jouent avec un chien et un chat.

La scène est vivante, et le tableau d'une exécution qui fait honneur à l'artiste. Celui-ci n'a rien oublié, pas même un détail auquel toute une longue nomenclature de livres, insérée dans le Livre de raison, donne du reste une ample satisfaction [1]. Le père est médecin, les enfants sont des plus lettrés; il fallait bien que la bibliothèque trouvât place, elle aussi, au tableau. Et en effet, elle en occupe le fond, en sorte que nous pouvons admirer là une représentation complète de l'état et de la vie d'une famille de la haute Provence, au milieu du XVIIIe siècle.

[1] Ces livres dans tous les genres sont ceux des maîtres; il y en a sur la religion, la philosophie, l'histoire, la littérature; ceux qui ont pour objet l'éducation sont très nombreux.

Si nous ne craignions de nous attarder dans les détails, nous citerions les plus importants; et l'on aurait alors une idée exacte de ce qu'étaient les éléments d'instruction et de culture morale, dans de petites villes où l'on ne trouve le plus souvent aujourd'hui que de mauvais journaux ou romans.

III

DATES DES ANNIVERSAIRES

Enfin, le préambule devrait avoir encore un complément.

Après les photographies de famille, rien ne serait plus facile que de noter, sous forme d'éphémérides, les dates précises des anniversaires de mariages, naissances et décès. Cet usage se recommande de lui-même. Une ou deux pages résumeraient en quelques lignes des souvenirs qu'on tient à se rappeler et à rappeler à ses enfants.

PREMIÈRE PARTIE

LE PASSÉ

LA FAMILLE ET SON HISTOIRE

La première partie du Livre de raison sera naturellement consacrée à l'*histoire de la famille :* c'est le passé.

Ce passé semble bien loin, et nous n'y portons généralement aucune attention; et cependant il vit toujours en nous; sans que nous en ayons conscience, il est en quelque sorte dans notre sang, dans le fond de notre être moral, intellectuel et physique. L'hérédité, comme on l'a remarqué, ne s'affirme pas seulement par l'air de famille, par des particularités fidèlement reproduites, telles que la taille, l'embonpoint, le tempérament, la force, l'adresse, la grâce, la longévité, la fécondité, etc... Elle se manifeste aussi dans la transmission des vertus ou des vices. De là les qualités propres qui constituent les races, et la solidarité qui relie les unes aux autres les générations.

Il y a de longs siècles, un éminent penseur de

l'antiquité disait : « La vertu est un bien, et une famille dans laquelle les hommes vertueux se succèdent est une famille d'hommes de bien. Cette succession de vertus a lieu quand la famille remonte à une origine bonne et honnête; car tel est le propre d'un principe qu'il produit beaucoup de choses semblables à lui-même : c'est en quelque sorte son ouvrage que de former son semblable. Quand donc il existe dans une famille un homme si attaché au bien que sa bonté se communique à ses descendants pendant plusieurs générations, il suit nécessairement que c'est une famille vertueuse[1]. »

Ce que les païens proclamaient avec une telle netteté et ce qu'ils observaient dans le gouvernement de leurs familles, comment les chrétiens auraient-ils pu l'oublier? Nous n'écrivons pas ici un traité sur une question si grave; notre rôle consiste simplement à rappeler les principes et à tracer un programme. Or, nulle part ces principes et ce programme ne se trouvent mieux résumés que dans le passage suivant du Père Lacordaire :

« Nos pères ont travaillé pour nous dans le temps et dans l'éternité. Ils ont, au ciel et sur la terre, tracé le sillon de nos voies, et nous rencontrons, en y marchant, les plantes fécondes ou les plantes amères qu'ils y ont semées pour nous. Nous sommes héritiers de la grâce comme héritiers du sang,

[1] Ce passage d'Aristote est emprunté à des fragments d'un de ses traités, aujourd'hui perdus, qui nous ont été conservés par Stobée.

quoique à des titres divers, et ce qu'ont été nos ancêtres pour nous, nous le serons à notre tour pour les générations qui sortiront de la nôtre. Nous leur lèguerons un trésor de bien ou de mal, qui leur aplanira le chemin du ciel, ou le leur rendra plus difficile et plus strict.

« Messieurs, permettez-moi de donner un conseil à ceux d'entre vous qui n'ont pas encore enchaîné dans les liens du mariage leur première liberté. Qu'ils sachent bien que s'allier à une famille c'est s'allier à des bénédictions ou à des malédictions, et que la dot véritable n'est point celle que l'officier public constate sur le papier. La dot véritable, Dieu seul la connaît; mais, à un certain degré, par la mémoire des hommes, vous pouvez la connaître aussi. Ne cherchez donc pas l'or visible; demandez-vous si le sang qui va se mêler au vôtre contient des traditions de vertus humaines et divines, et s'il s'est longtemps purifié dans les sacrifices du devoir. Demandez-vous si l'âme est riche de Dieu. Remontez aussi haut que possible dans son histoire héréditaire, afin que, tous les rameaux en étant explorés, comme une mine où votre destinée prendra ses racines en arrière de vous, vous sachiez ce que pèse devant Dieu cette génération qui vous était étrangère et qui va se joindre à la vôtre, pour n'en faire qu'une seule à votre postérité. Si l'auréole de la sainteté y manque visiblement, fuyez à l'autre pôle, quand même on vous apporterait tous les trésors du monde. Hélas! si tant de gémissements plus forts que la pudeur s'élèvent du sein des familles, c'est qu'en les formant un jour on avait compté sur la dot de la terre, sans compter la dot du ciel [1]. »

Ajoutons qu'une des préoccupations de tout homme, surtout lorsqu'il devient chef de famille, devrait être de s'interroger quelque peu lui-même et de se dire, en pensant à la responsabilité qui pèse sur lui : — Qui suis-je ? En bien et en mal, qu'est-ce que je porte en moi ? Et que vais-je transmettre à mes enfants ? Le bien que j'ai recueilli en héritage, je suis tenu de l'accroître ; car celui qui n'avance pas rétrograde. Le mal venu de l'hérédité, j'ai à le corriger, pour ne pas laisser à ma famille un principe de déchéance [2]. Tous n'ont pas le privilège de pouvoir dire, comme d'Aguesseau l'exprimait au sujet de son père : « *Nous sommes les fils des saints;* » mais il dépend de tous de travailler à leur propre perfectionnement, pour en faire bénéficier leur postérité. Voilà le devoir, voilà aussi le progrès.

On jugera peut-être que ces pensées sont bien hautes et qu'elles ne sont guère en harmonie avec nos mœurs actuelles.

Mais nous répondons : — Tant pis pour les familles qui, s'étant rendues les esclaves de ces mœurs, ne veulent pas les changer, malgré les terribles exemples qu'elles ont sous les yeux. Or, comme nous

[1] 60e Conférence de Notre-Dame.

[2] Nous résumons ici quelques-unes des idées que M. Arcelin, ancien élève de l'école des Chartes et secrétaire perpétuel de l'académie de Mâcon, vient de développer dans une excellente étude intitulée : *La Famille et l'hérédité naturelle.* — *Revue des questions scientifiques;* Louvain, 1877.

écrivons pour celles qui croient à la liberté morale de l'homme et mettent leur confiance dans la grâce divine, nous croyons faire ici une œuvre essentiellement pratique, en essayant de présenter les enseignements de la tradition.

Quels enseignements! Quelle foi solidement établie chez nos pères, sur le devoir de conserver et de développer les vertus de la race! Entendez Jeanne du Laurens, au moment où elle va terminer l'histoire de sa famille, à laquelle elle a donné pour titre : *Généalogie de Messieurs du Laurens, descrite par moy, Jeanne du Laurens, et couchée nayvement en ces termes :*

« Les moyens, la noblesse n'ont pas eslevé nostre famille, mais ç'a esté la vertu joincte à la grâce divine.

« Doncques, j'exorte tous ceux qui m'appartiennent de bien vivre en l'amour et crainte de Dieu et en toute bonne vertu. Moyennant ce, nous avons assez. Je m'estime plus qu'heureuse d'estre sortie de cette race, et suis plus contente de ce bonheur que si j'avois mil escus de rente[1]. »

Nicolas Pasquier écrit dans le même esprit à son père :

« Si vous avez trouvé quelque chose de bon en mes dernières lettres, je confesse librement le

[1] *Une Famille au XVIe siècle.*

tenir de vous à foy et hommage. Comme les fruicts tiennent de la sève et de leur branche, ainsi, si je sçais quelque chose, cela, par droit de nature, est descendu de vous à moy. Si ce que j'ay faict vous a esté agréable, j'espère que le Ciel me favorisera tant que je continueray de mieux en mieux[1]. »

Au sujet du mariage, Antoine de Courtois dira à ses enfants :

« En faisant votre choix, il faut raisonner comme si vous étiez pères de famille. Il faut que la naissance et surtout l'éducation soient égales des deux côtés... Heureux, trois fois heureux serez-vous, si vous trouvez ces qualités réunies dans une personne qui en aura hérité de ses pères ! On n'est sûr que des vertus qui tiennent au sang... C'est pourquoi il faut vous attacher à une bonne race[2]. »

L'intérêt religieux, domestique et social, qui s'attache à la conservation des bonnes races, sera d'autant mieux satisfait que les familles garderont fidèlement leurs traditions, leur histoire. Cette histoire se divisera en deux sections ; 1° *les ancêtres ;* 2° *les parents.*

[1] *Lettres de Nicolas Pasquier,* publiées à la suite de celles d'Étienne Pasquier, tome II, liv. III, 2.

[2] *La Vie domestique,* t. I, p. 163.

I

LES ANCÊTRES

La méthode à suivre consiste à énumérer, dans autant de paragraphes distincts, portant chacun un numéro d'ordre, la série des générations successives, d'après les actes et documents qui doivent leur servir de preuves. On notera les NOMS, PRÉNOMS, TITRES, QUALITÉS, PROFESSION, LIEU D'HABITATION, DE CHACUN DES ANCÊTRES, LA DATE DE LEUR MARIAGE, DE LEUR TESTAMENT ET DE LEUR MORT, ET ENFIN LES SOUVENIRS QU'ILS ONT LAISSÉS.

Pour les chrétiens, il y a un monument qui caractérise au plus haut degré la tradition : ce sont les deux généalogies de Jésus-Christ, contenues dans les Évangiles de saint Matthieu et de saint Luc, et qui remontent également par David et Jacob jusqu'à Abraham, sur la tête duquel reposaient toutes les promesses divines. Nos pères s'en inspiraient visiblement, lorsque, non contents d'employer les formules bibliques, ils écrivaient les noms de leurs devanciers sur les marges de leur Psautier ou de leur Livre d'Heures. Le sentiment religieux présidait chez eux à ces inscriptions. Au *Memento des morts*, à la messe, ils avaient de la sorte présents à l'esprit, dans une brève énumération, tous les ancêtres connus qui les avaient précédés dans la vie. Les érudits ont plus d'une fois signalé des traces de la coutume dans nos diverses provinces. Les archives de famille et les bibliothèques publiques nous ont conservé des Livres d'Heures ou Bréviaires, dont les plus anciens sont des manuscrits sur parchemin, ornés de vignettes, et sur les grandes marges desquels venaient s'enregistrer, à certains anniversaires, les principaux événements de l'histoire domestique; et, parmi eux, ceux du roi René, prouvent que les races royales suivaient à cet égard les mêmes usages.

Mais les marges des Livres d'Heures, si grandes qu'elles fussent, étaient encore trop étroites, et l'on ne pouvait y inscrire que quelques noms. Aussi, le plus souvent, écrivait-on la succession des ancêtres dans un registre particulier, appelé Livre de raison ou Mémorial de famille. Telle est la coutume qu'il s'agirait de faire revivre, sous une forme appropriée aux conditions actuelles de notre état social.

Chacun, si modeste qu'il soit, lorsqu'il est issu de gens de bien, devrait avoir sa généalogie; chacun doit y prendre intérêt et la transmettre à ses successeurs. La religion et la nature créent aux descendants l'obligation de garder un culte pour la mémoire de leurs ascendants, pour ceux dont ils s'honorent de porter le nom, dont ils continuent la race, et auxquels ils tiennent « comme les fruits aux branches, comme les branches aux racines ».

Seulement et avant tout, en pareille matière, il faut être vrai et bannir absolument la vanité qui a produit tant de romans généalogiques. Sur ce point, au moins autant, sinon plus, que sur les autres, il importe de revenir aux principes, à la sincérité, à la simplicité, c'est-à-dire à l'esprit chrétien. Les deux grands agents de notre désorganisation morale sont l'orgueil et l'envie; on ne réagira efficacement contre eux qu'en restaurant au foyer l'ordre fondamental établi par l'Évangile; et c'est ainsi qu'on refera des familles régies par la loi du respect, marchant sur les traces de celles dont la tradition, interrogée dans ses sources les plus authentiques et les plus pures, nous fait admirer l'héritage de vertus, de sagesse et d'honneur, transmis de génération en génération, dans tous les temps et dans tous les rangs.

Un maréchal de France dit au XVIe siècle :

« Enfans, neveux, cousins, j'escris par devoir de nostre père, pour exemples et préceptes à vous, non par gloire (je me connais trop)..., afin que vous suiviez le chemin qui vous a esté tracé..., sans offense de Dieu ni de la patrie, avec cette maxime que tous desseins injustes, non agréables à Nostre-Seigneur, périssent. » *Mémoires de G. de Saulx-Tavannes.*

Des nobles, des bourgeois, de simples marchands, parlent de même aux XVIIe et XVIIIe siècles :

« Je ne me propose que la pure vérité dans ce que j'ay à dire de ma généalogie. » *Livre de raison de J.-B.-Joseph de Sudre,* Avignon, 1680.

— « Je ne parleray pas de la qualité de nostre maison; elle s'acquerra par l'assistance de Dieu, avec le temps et les bonnes actions. » *Livre de raison de G. de Mongé,* Puymichel, Basses-Alpes, 1687.

— « Comme l'on doit travailler plutôt à la conservation de l'honneur des familles qu'à celle des biens qu'elles possèdent, je commenceray cet ouvrage par une petite généalogie de la nostre, qui contiendra seulement jusqu'à moy huit générations. » *Livre de raison de Jean-Étienne Gautier,* Cavaillon, Vaucluse, 1634-1704.

— « C'est pour donner à mes enfans et à ceux qui viendront après moy la connoissance d'où je suis sorti, que je laisse ce Livre de raison... » *Livre de raison de Toussaint M..., marchand de drap,* Aix, 1750.

— « Vous êtes de l'Ordre de la noblesse incontestablement, soit par titres, soit par services constants de vos ancestres. Cela ne suffit pas; soyez bons chrestiens; soyez en même temps modestes, honnestes, bienfaisants, prévenants. Il vous faut cela tout au moins, et vous serez de la première et vraie noblesse. Il n'y a, à la vérité, rien de brillant dans votre naissance; il vous est réservé d'en transmettre à vos neveux. » *Instructions d'Ange-Nicolas de Gardane à ses enfants*, Marseille, 1764.

En fait de généalogie, nous ne connaissons rien de plus remarquable que le texte suivant. Il nous montre comment des familles se sont perpétuées pures et sans tache jusqu'à la veille de la Révolution.

« Je n'ai eu d'autres vues, en recueillant les preuves de la généalogie de ma famille, que de lui être utile, en lui laissant sous les yeux les exemples de probité, de décence et de bonne conduite, que nous ont donnés nos pères, *en nous transmettant de père en fils, et depuis plus de quatre siècles, les mêmes biens, le même état et la même fortune.* Tel est le plus grand désir que je forme, et je me croirai assez payé de la peine que cela m'a donnée, si je pouvais leur inspirer à tous le même esprit d'ordre et les mêmes sentiments.

« C'est leur probité qui leur a fait un nom; c'est l'économie et le bon ordre qui l'ont soutenu. Que leurs descendants ne pensent pas pouvoir rester dans le même état, s'ils n'ont pas les mêmes vertus.

« Que, s'ils méprisent l'état de leurs pères et qu'ils en veuillent prendre un au-dessus, ils ne le fassent que peu à peu et autant que les circonstances le leur permettront; et qu'ils sachent qu'il est plus aisé de retomber, après s'être trop élevé, que de rester dans l'état de ses pères.

« Que ne puis-je graver ces maximes en lettres de feu, pour qu'elles ne soient jamais oubliées de ceux qui liront cette généalogie ! » *Généalogie de Jean-Marie Monnier, subdélégué de l'intendance de Dombes, conseiller du Roi au bailliage et siège présidial de Bourg, conseiller de la province de Bresse*, 1779[1].

Fléchier disait dans l'oraison funèbre de Mme de Montausier : « *Il y a une noblesse d'esprit plus glorieuse que celle du sang, qui inspire des sentiments généreux et une louable émulation, et qui fait descendre, par une heureuse suite d'exemples, les vertus des pères aux enfants.* » C'est dans cet esprit vraiment noble que doit être tenue la généalogie; c'est lui qui de tout temps a constitué les bonnes races; qui, dans les conditions les plus différentes, a toujours eu le privilège de produire les individualités moralement les plus distinguées, des cœurs haut placés, des âmes droites et délicates, des familles offrant une remarquable harmonie d'idées et de rapports, et entre lesquelles les barrières en fait s'abaissent.

L'élite de nos anciennes familles de paysans, lorsqu'elles avaient à conclure des mariages, savaient bien reconnaître les foyers d'où sortaient les jeunes

[1] Nous devons à M. Adrien Arcelin la communication de ce beau texte, qui forme le préambule de la généalogie manuscrite d'une de ses grand'mères.

gens honnêtes et laborieux, les filles chastes et bonnes ménagères. Elles aussi tenaient note de leurs souvenirs domestiques, non seulement en Provence [1], mais partout où elles étaient bien constituées. Le descendant de l'une d'elles, appartenant au Dauphiné, nous disait naguère, à l'appui de nos observations, que son père, tout modeste cultivateur qu'il fût, inscrivait fidèlement dans son journal, avec sa généalogie, les naissances de ses enfants et les principaux événements de sa vie agricole. Un savant érudit de la Bourgogne, M. Arcelin, auteur de belles études sur *la Famille et l'hérédité naturelle*, a remarqué avec tristesse que c'est un cas très rare, aujourd'hui, de voir des archives bien tenues, même dans les maisons où l'éclat des souvenirs pourrait inspirer le désir de les conserver. « Je connais, en revanche, ajoute-t-il, telles familles de paysans où l'on garde pieusement d'admirables séries de papiers domestiques [2]. »

Le grand poète national de la moderne Provence, M. Frédéric Mistral, résume en un mot les instruc-

[1] En Provence, on appelait *ménagers* l'élite des petits propriétaires fonciers qui cultivaient eux-mêmes leurs domaines patrimoniaux. Voir ce que nous avons dit sur leurs mœurs et leurs testaments dans *les Familles*, t. II, chapitre intitulé : « Le Testament et l'Héritage. »

[2] Pour remédier au mal, M. Arcelin vient de publier sous ce titre : *Les Archives domestiques et les Livres de famille*, une brochure in-8° (Paris, Larcher, rue Bonaparte, 1878), un travail des plus pratiques. On y trouvera la méthode à suivre pour le classement des titres dont le résumé doit figurer dans le Livre de raison.

tions que pourra tirer de sa généalogie tout père de famille soucieux de l'avenir de sa race.

Enfants, la race fait la race ;
Longuement perpétuez-la [1].

Parmi ces instructions, il en est une qui plus que jamais est nécessaire, et qu'il nous est bien permis d'appeler fondamentale. Le temps n'est plus sans doute où l'hérédité, en conférant des privilèges politiques à certaines familles, leur créait un intérêt tout particulier à ne pas laisser se perdre leurs généalogies; et l'on pourrait croire que celles-ci sont condamnées à disparaître avec cet ancien ordre de choses. Qu'on se détrompe : la naissance ne donne plus de droits d'exception; mais elle confère toujours le nom, la considération, la propriété, la richesse; or, cela résume à peu près tout l'ordre social.

Est-il bon que la jeunesse s'élève sans savoir à quoi ces droits sociaux obligent? Et n'est-ce pas du vice même des éducations que naissent les redoutables périls qui aujourd'hui nous menacent? Il n'y a plus de règle ni de frein, plus de mœurs, plus de stabilité et de paix possibles, là où des classes riches livrées à l'oisiveté, au luxe, au plaisir, aux jouissances égoïstes, sont mises en antagonisme avec des

[1] *Enfant, raço racejo;*
Racejas longo-mai.

(F. Mistral, *Li Isclo d'or*, p. 366-367.)

classes populaires sans famille et sans foyer, chez lesquelles sont totalement effacées les idées de respect, de responsabilité et de devoir.

« Que nos enfans connoissent ceux desquels ils sont descendus de père et de mère, et qu'ils soient incités à prier Dieu pour leurs âmes et à bénir la mémoire de ceux qui, avec la grâce de Dieu, ont fait honneur à leurs maisons et acquis les biens dont leurs descendans jouissent, et qui passeront à la troisième et quatrième génération, s'il plaist à la bonté de mon Créateur d'y donner sa bénédiction, comme je l'en supplie de tout cœur.

« Que ces biens excitent nos descendans à remercier Dieu et à estre gens de bien, plus tost qu'à faire des folies et extravagances, et à en abuser à la ruine de leurs âmes.

« Qu'ils ne ressemblent pas aux bestes brutes qui mangent les fruits qui tombent des arbres, sans lever les yeux en haut pour voir les arbres dont ils tombent. Qu'ils en remercient le Créateur, auteur de tout leur bonheur et de tous leurs biens, et qui est le vray arbre qui produit les bénédictions de la terre et du ciel. » *Journal d'André Lefèvre d'Ormesson, doyen du Conseil d'État*, 1576-1665.

D'autres intérêts font aux parents une obligation de ne pas négliger leur généalogie. Il faut que les enfants connaissent, au point de vue des rapports de société, d'affection et de déférence à garder, les liens de parenté qui les unissent à des branches collatérales de la famille, et le degré de cette parenté qui peut les rendre successibles, s'il n'est pas inférieur au douzième degré[1].

[1] Article 755 du Code civil.

II

LES PARENTS

La généalogie des ancêtres se continuera par la biographie des parents, AVEC QUELQUES DÉTAILS SUR LA FAMILLE DE LA MÈRE.

Aujourd'hui, la presse publie des articles nécrologiques sur des personnalités qui ont fait quelque figure dans le monde; mais le foyer n'a plus ses annales, où se perpétuait la mémoire des existences à la fois les plus humbles et les plus méritantes; il perd de plus en plus sa tradition, son génie tutélaire. N'est-il pas temps de travailler à les lui rendre, en sorte que le souvenir des parents, lorsqu'ils ont été dignes de ce nom, demeure toujours vivant et présent, qu'il continue à inspirer et diriger les enfants?

Il s'agit ici de ce qu'il y a de plus profond dans notre cœur, avec le sentiment religieux, de ce qui ne s'oublie jamais jusque dans la vieillesse, lorsque la vie commence humainement à devenir triste et pesante, et nous rend toujours jeunes, toujours heureux, lorsque nous y pensons : — la douce image d'un bon père et d'une bonne mère; — leurs traits, empreints du doux sourire dont, aux premiers jours de notre vie, ils égayaient notre berceau, en séchant nos larmes; — l'ineffaçable impression laissée en nous par les témoignages de leur tendresse; — leur inépuisable dévouement; — la confiance sans bornes que nous avions en leur sagesse, confiance si grande, si absolue, qu'en les perdant nous avons cru voir s'en aller la meilleure partie de nous-mêmes!

Évocations intimes de tout ce que la vie de famille a de plus saint! Quelle reconnaissance éternelle ne devons-nous pas à ceux qui nous ont faits ce que nous sommes, en retour de l'affection qu'il nous ont portée et dont nous recueillons les fruits!

André Lefèvre d'Ormesson, âgé de quatre-vingt-un ans, lit et relit la biographie qu'il a écrite sur son père :

« J'ai relu toute cette vie le samedi, 28 juillet 1657, ne pouvant la relire trop souvent à mon gré, pour l'affection que je luy ay portée et que j'ay dû luy porter, comme un fils qu'il a bien aymé. »

Il y a des dates à noter tout d'abord. Les enfants font pour leurs parents ce qu'ils ont déjà effectué pour leurs autres devanciers; mais ici ils prennent un intérêt plus spécial à relater des détails qui les touchent de plus près, et ils s'attachent à bien mettre en relief les heureuses influences auxquelles ils doivent leur propre formation physique et morale.

« Je suis né à Cuers, le 19 décembre 1696, de parens chrétiens. Mon père, Jacques M..., étoit marchand, de la même profession que son père, et très honneste homme, aimé et considéré dans le pays.

« Ma mère étoit Mlle Victoire C..., fille et sœur des constructeurs des vaisseaux du Roy, de Toulon. C'étoit une femme accomplie pour élever ses enfans dans la crainte de Dieu, et pour leur donner une éducation convenable à son état, charitable envers les pauvres... » *Livre de raison de Toussaint M..., marchand de drap,* Aix, 1750.

— « Anne-Louise-Henriette d'Aguesseau, ma mère, naquit le 12 février 1737. Mme de Fresnes, sa mère, étant morte peu de jours après l'avoir mise au monde, son père, fils du chancelier d'Aguesseau, la remit aux soins d'une nourrice, avec qui elle fut envoyée, dès l'âge de trois ans, au couvent de la Visitation de Saint-Denis, et confiée particulièrement à Mme d'Héricourt, religieuse de cette maison, personne d'un esprit et d'un mérite distingués, et qui réunissait des talents rares pour l'éducation. Elle savait surtout présenter à ses élèves tous les charmes de la vertu. Le cœur de ma mère était fait pour elle : ce fut dès sa plus tendre enfance qu'elle s'y attacha, avec cette droiture et cette force qui furent son caractère distinctif... Toutes les impressions qu'elle reçut furent sérieuses et réelles... » *Notice sur la vie de A.-L.-H. d'Aguesseau, duchesse d'Ayen, par Mme de Lafayette, sa fille.*

La date du mariage des parents et les conditions dans lesquelles il s'est effectué sont rappelées. Il est fait mention de la dot apportée par la mère, de l'avoir patrimonial du père, de la profession ou de l'industrie exercée par ce dernier, de la maison et du lieu où ils ont vécu, du domaine de famille qu'ils ont conservé, amélioré, accru. On dit ce que sont devenus cette maison et ce domaine, et s'ils ont changé de main.

Les développements, en un tel sujet, peuvent être très étendus; mais il convient, toujours par les motifs que nous avons exposés, de réserver pour le Livre de raison les traits essentiels, ceux qui doivent se graver dans l'esprit et la mémoire des descendants.

A ces détails succèdent les dates des naissances des enfants.

Ceux-ci insistent ensuite sur le grand, l'incomparable bienfait d'une bonne et chrétienne éducation, dont ils sont redevables à leur famille, et le regardent comme le plus précieux héritage qu'ils aient pu recevoir par ses soins. Les parents, disent-ils, ont été leurs premiers précepteurs; ce sont eux qui, dès le plus bas âge, ont commencé à leur inspirer l'amour et la crainte de Dieu, à les dresser à la vertu et au travail, et qui, plus tard, non contents de leur donner des maîtres habiles, les ont dirigés et soutenus dans leurs études. Quelques lignes leur suffisent pour tracer à ce sujet des tableaux saisissants, où se résume la vie domestique, et dans lesquels, près de l'image du père et de la mère, se placent d'elles-mêmes celles des frères et des sœurs.

« Mon père, dans les fréquents voyages qu'il faisait comme intendant de Limoges, raconte le chancelier d'Aguesseau, nous menait presque toujours avec lui, et son carrosse devenait une classe. On y observait une règle presque aussi uniforme que si nous eussions été dans le lieu de notre séjour ordinaire. Après la prière des voyageurs, par laquelle ma mère commençait toujours la marche, nous expliquions les auteurs grecs et latins qui étaient l'objet de nos études. Mon père se plaisait à nous faire bien pénétrer le sens des passages les plus difficiles. Nous apprenions par cœur un certain nombre de vers, qui excitaient en lui, lorsque nous les récitions, cette espèce d'enthousiasme qu'il avait pour la poésie. Souvent même il nous obligeait à traduire du français en latin, pour suppléer aux thèmes que le voyage ne nous permettait pas de faire. Une lecture commune de quelque livre d'histoire ou de morale succédait à ces exercices. »

A certaines époques décisives de leur existence, et notamment au sortir de leur vie scolaire, lorsqu'ils sont entrés dans le monde, les enfants ont trouvé chez leurs parents un nouveau genre de dévouement et, avec des conseils et une direction conformes à leurs besoins, les moyens de s'établir, etc... Ils expriment en quoi ils en ont profité.

« Hélas ! écrit l'un d'eux, fils d'un avocat éminent, qui fut une des illustrations du barreau de Provence au xviiie siècle, j'ai trop peu joui de ce bon et excellent père. Il n'avait que cinquante ans, et je n'en avais que dix-neuf, quand j'eus le malheur de le perdre... Mon père surveillait et dirigeait lui-même mes études; je m'occupais de m'instruire des lois et de la pratique. Combien j'ai été heureux pendant ce temps si rapidement passé ! Quoique livré au travail, il me restait du temps pour les délassements honnêtes; mais la plus vive de mes jouissances était le bonheur d'être avec mon père et de découvrir chaque jour en lui de nouvelles vertus...

« Je n'ai jamais perdu de vue, dans le cours de ma vie, les obligations que m'inspirait la mémoire de cet excellent et tendre père. J'ai tâché, dans les diverses positions où je me suis trouvé, de soutenir cette mémoire et de l'honorer en marchant sur ses traces, me conduisant d'après les principes que je lui ai toujours vu pratiquer. » *Livre de raison de Pierre-Joseph de Colonia, ancien intendant des finances sous Louis XVI*, 1807.

Ce n'est pas seulement dans les classes lettrées que ces éloges des parents s'écrivent sur les pages du Livre de raison. Des familles, infiniment respectables par leur esprit de religion et leurs traditions d'honneur, mais très modestes et même obscures, nous offrent des modèles exactement semblables.

En voici une, où les pères et les enfants ont été marchands de drap, pendant plusieurs générations.

« Mon père était le dernier de ses frères... Avec un modique avoir, il vint se domicilier à Aix, et il y entreprit luy aussi le commerce de la draperie... Sa sagesse, sa probité luy ont acquis la plus grande réputation, et c'est là sûrement ce qu'il pouvoit me laisser de plus précieux. Il aimoit les pauvres, il pratiquoit exactement les devoirs du christianisme. Il étoit pour moy le plus cher de tous les pères. Les soins qu'il a pris de mon éducation me rendront doublement criminel devant Dieu et devant les hommes, si je néglige et si je ne mets à profit non seulement ses leçons, mais encore ses exemples journaliers de piété, de charité, d'austérité, d'affabilité, de désintéressement *et d'assiduité dans les affaires de son état et de son domestique.*

« Le Seigneur récompensa ses mérites. Il mourut en odeur de sainteté, regretté universellement et surtout des pauvres.

« Le souvenir d'un père si tendre sera éternellement présent à ma mémoire. Quoique, dans les deux dernières années de sa vie, il fût devenu un membre inutile, attendu ses infirmités, j'aurois souhaité que la Providence me l'eût laissé encore un bon nombre d'années. C'étoit pour moy une relique, et je n'ay véritablement reconnu du vide dans ma famille, que du moment où il a cessé d'être. » *Livre de raison de Joseph M..., marchand de drap; Aix,* 1769.

On est frappé de voir à quel point ces sentiments de piété filiale s'exprimaient partout, autrefois, avec la même délicatesse de pensée et d'expression. Ainsi, dans la petite ville de Vitré, en Bretagne, Jacques de Gennes retraçait en ces termes le portrait de ses parents :

« Je ne pouvais avoir de meilleurs exemples que ceux que j'avais sous les yeux. Mon père était un homme de beaucoup d'esprit, et, ce qui est encore plus estimable, d'une rare piété, sage, prudent, sobre et bienfaisant, bon citoyen, généralement estimé de tous. Ma mère était une sainte regardée comme telle par ses confesseurs et directeurs, dont un m'a dit, après sa mort, qu'il était ébloui des vives lumières qu'elle avait des choses de Dieu... Elle n'avait point les vices des femmes ni des fausses dévotes; elle n'était ni indiscrète, ni curieuse, ni fière, ni entêtée. Quoiqu'elle aimât mon père uniquement, elle le perdit en héroïne chrétienne... Ma mère fut sincèrement humble, mortifiée et détachée de toutes sortes de plaisirs et de vanités mondaines, charitable envers les pauvres, *et appliquée à remplir les devoirs de son état.*

« Tous les soirs régulièrement, mon père et ma mère faisaient à leurs domestiques la prière du soir, à laquelle nous assistions, ainsi qu'à une lecture édifiante qu'on faisait de temps en temps[1]. »

Quels trésors pour les familles que de tels souvenirs! Et quel charme pour le moraliste, lorsqu'il retrouve, après un ou plusieurs siècles, de semblables scènes d'intérieur, dont plusieurs d'entre nous ont vu quelques vestiges dans leur enfance! Les tableaux des peintres les plus habiles pourraient-ils produire l'impression douce et pénétrante que nous laissent des portraits ainsi tracés par le cœur? D'Aguesseau nous rend également présente, comme si nous l'avions sous les yeux, la vie domestique de son père et de sa mère. Louis Racine fait de même pour l'illustre auteur d'*Athalie*, quand il le montre dans son ménage avec sa simplicité de mœurs, simplicité si admirable, dit-il, qu'en relisant les témoignages de la tendresse de son père, il verse à tous moments des larmes.

Nous avons souligné plus haut le passage d'un Mémorial domestique de la Bretagne, dans lequel un fils ne peut mieux louer sa mère qu'en disant d'elle : « *Elle était appliquée à remplir les devoirs de son état.* » Cet éloge, nous le retrouvons dans la plupart de nos textes, et nous le signalons comme le trait auquel se reconnaissent partout les familles bien réglées et heureuses. Cela nous rappelle les petites vertus que saint François de Sales recommandait à sa Philothée de pratiquer « simplement,

[1] Ed. Frain, *les Familles de Vitré;* Rennes, Plihon, 1877, p. 42-43.

humblement, dévotement : comme la patience, la débonnaireté, la mortification du cœur, l'humilité, la chasteté, la tendreté envers le prochain...[1] » Fénelon écrivait de même : « Régler son domestique, mettre ordre à ses affaires, élever ses enfants, porter ses croix, se passer des vaines joies du siècle, ne flatter en rien son orgueil, réprimer sa hauteur naturelle..., voilà les œuvres que Dieu demande[2]. »

La fidélité aux devoirs de son état, pratiquée par les parents, se communique sans efforts aux enfants ; elle produit les bonnes coutumes domestiques que ceux-ci seront jaloux de maintenir plus tard, dans l'éducation de leurs propres fils et filles, et qu'ils relateront eux aussi dans leur Livre de raison, comme un patrimoine transmis par leurs devanciers. Parmi ces coutumes il en est une à laquelle nous devons nous arrêter; elle a été déjà notée par Jacques de Gennes. Racine le fils nous dit de son père :

« On peut bien assurer que mon père n'a jamais rougi de l'Évangile. Chef de famille, il se croyait obligé à une plus grande régularité, et ne parlait devant ses enfants ni de comédie, ni de tragédie profane. A la prière qu'il faisait tous les soirs, au milieu d'eux et de ses domestiques, il ajoutait la lecture de l'évangile du jour, que souvent il expliquait lui-même par une allocution proportionnée

[1] *Introduction à la vie dévote*, IIIe part., chap. II.

[2] *Lettres spirituelles de Fénelon*, édit. de Sacy (Paris, Techener, 1856), t. II, p. 61-62.

à la portée de ses auditeurs, et prononcée avec cette âme qu'il mettait dans tout ce qu'il disait [1]. »

Jusqu'ici nous n'avons cité que des fils, rappelant dans de touchantes notices tout ce qu'ils doivent à leurs pères, et nous avons insisté à leur sujet, d'abord parce que le Livre de raison est leur œuvre propre, et aussi parce que l'affaissement des mœurs se manifeste aujourd'hui surtout de leur côté. Dans un temps où, chez les classes populaires, la vieillesse est trop universellement dégradée, au point de devenir un objet de mépris, et où le père âgé et infirme n'est plus appelé que *le vieux* par des fils ingrats, il faut que les classes dirigeantes, auxquelles incombe le devoir de ramener la nation à l'intelligence et à la pratique des premiers principes, s'unissent et agissent pour rétablir sur son piédestal domestique la statue du respect.

Donnons maintenant la parole à des filles, retraçant l'éducation dont elles sont redevables à leurs mères, et même écrivant de très-belles notices sur leur famille paternelle, sur leurs frères et sœurs.

« La bonne vie de mes frères, dit Jeanne du Laurens, venoit du soin et de la peine que feus nostre père et nostre mère avoient pris à nous eslever. Je m'estime heureuse et plus qu'heureuse d'avoir eu

[1] *Mémoires sur la vie et les ouvrages de Jean Racine*, par Louis Racine, publiés en tête des Œuvres de Jean Racine; Paris, Didot, 1864.

un si sage père et une si sage mère. J'ay beaucoup veu et lu, attendu que je suis jà vieille; mais je n'ay point veu des pères et mères avoir plus faict pour leurs enfans qu'eux ont faict, n'espargnant ny leurs personnes, ny leurs moyens, pour nous faire instruire à toute vertu.

« Quant à nous autres filles qui estions jeunes, ma mère nous menoit tous-jours devant elle, soit à l'église, soit ailleurs... Elle ne manquoit à nous apprendre toutes choses vertueuses : point de vanité; jamais elle ne nous menoit au bal, disant que nous sommes assez fragiles sans nous produire en vanités.

« Quand je fus mariée, elle me faisoit tous-jours des admonitions et de belles remonstrances : de bien prendre garde à mes enfans; que j'étois obligée de ce faire, que j'en recevrois de l'honneur et mes enfans du profit; car l'honneur des pères et mères est que leurs enfans soient bien sages et instruits. N'estant bien instruits ny chastiés, ils viennent en liberté de conscience et ne peuvent faire que mauvaise fin. Elle disoit encore...[1] »

Le récit se poursuit, avec des détails saisissants; il est entremêlé de charmantes anecdotes, qui ont chacune une haute portée et rendent l'idée morale tout à fait sensible.

Nous avons déjà montré la petite-fille du chancelier d'Aguesseau, élevée en plein XVIIIe siècle dans

[1] *Une Famille au XVIe siècle.*

une atmosphère de vertu, dont la société parisienne d'alors est presque absolument vide. Elle a sans cesse devant les yeux les traditions de son admirable famille; et, lorsque devenue duchesse d'Ayen, installée dans l'hôtel Noailles, et mère de cinq filles [1], elle aura à faire leur éducation, ce seront encore ces traditions toujours vivantes et agissantes qui la dirigeront dans une œuvre si difficile. Mais aussi quels ne seront pas ses succès ! Elle fera plus que de dresser à la vertu des femmes éminentes par l'esprit; elle formera en elles, pour les temps mauvais qui sont proches, de véritables héroïnes chrétiennes, en attendant le jour où, donnant elle-même l'exemple d'un mâle courage, elle s'offrira à Dieu comme victime sur les échafauds de la révolution [2]. Rien de plus précis, comme programme d'éducation, que la notice sur la duchesse d'Ayen; la deuxième de ses filles, Mme de Lafayette, devait l'écrire peu d'années après, dans la prison d'Olmütz :

« Nous étions la plus tendre affection de son cœur et le premier objet de ses devoirs. A cette vive impulsion du cœur le plus maternel qui fut jamais se joignait la disposition fortement enracinée en elle de

[1] Mmes de Noailles, de Lafayette, du Roure (en secondes noces Mme de Thésan), de Montagu, de Grammont.

[2] Le 22 juillet 1794. On sait qu'elle « monta sur l'autel du sacrifice » avec sa fille aînée, la duchesse de Noailles, et sa belle-mère, la maréchale de Noailles. — Voir, sur sa mort, la relation de M. l'abbé Carrichon, prêtre de l'Oratoire, dans la *Vie de Mme de Lafayette*, citée plus loin.

3*

faire la volonté de Dieu et d'accomplir son œuvre. Tout était réuni pour nous : toutes ses facultés étaient employées à faire notre bien et préparer notre bonheur ; la sollicitude et la prévoyance de son esprit, à détourner ce qui pouvait nous nuire; sa pénétration, à discerner nos caractères (et, dès notre plus tendre enfance, elle les étudiait de manière à influer sur chacune de nous, à l'élever et à la conduire d'une façon qui lui fût propre); *la droiture et la force de son esprit, à écarter de notre éducation toutes les puérilités et à nous accoutumer dès l'enfance à raisonner droit et juste ;* sa vive tendresse pour nous, à cimenter notre union mutuelle; enfin sa douce éloquence, fortifiée par son exemple, à nous faire connaître la vertu et la vertu chrétienne, c'est-à-dire le principe, les secours et la récompense de la vertu...

« Nous passions tous les jours plusieurs heures chez ma mère; on lui rendait un compte fidèle de notre journée. Nous lui répétions ce que nous lui avions appris; nous lui racontions ce qu'on nous avait raconté à nous-mêmes.

« *Avec ce genre d'esprit solide et substantiel que Dieu lui avait donné à un degré si rare, elle travaillait de toute sa tendresse maternelle à mettre la vérité à notre portée ; mais surtout elle travaillait à rendre nos esprits capables et nos cœurs dignes de la vérité. Les principes, la morale, l'histoire des faits, les exemples et la manière d'en profiter, tout était lié et suivi dans ses leçons, comme dans les desseins de Dieu, si j'ose m'exprimer ainsi ; et, dès la plus tendre enfance, elle nous apprenait à ne pas nous conduire par fantaisie, mais à goûter, dans l'exercice de nos devoirs et même dans les jeux de notre âge, le plaisir d'être dans l'ordre et sous les yeux de Dieu.*

« Que ne puis-je conduire encore mes enfants près d'elle! Ce serait la seule manière de leur faire connaître cette éloquence vraiment maternelle, qu'elle employait à graver dans nos cœurs les grandes vérités de la religion, à nous montrer nos fautes et les moyens de les réparer...

« Depuis que nous avions une gouvernante, ma mère lui avait laissé le soin de plusieurs parties de notre éducation, comme de nous apprendre la géographie, la sphère, la grammaire, celui de voir avant elle les extraits que nous faisions de l'histoire..., enfin d'assister aux leçons des différents maîtres qu'elle nous avait donnés. Mais c'était ma mère qui présidait à tout, qui était l'âme de tout, qui réglait tout dans le plus grand détail. Elle s'était réservé de lire avec nous les plus beaux ouvrages de poésie, les morceaux choisis d'éloquence ancienne et moderne, et de travailler à former notre goût par l'analyse des beautés qui s'y trouvent. *Mais surtout elle s'attachait à former notre jugement par des réflexions solides sur chaque nouvel objet.* Son esprit et son cœur étant également droits et altérés de la vérité, c'était toujours à écarter tous les nuages qu'elle employait ses soins, qu'elle dirigeait le développement des facultés de notre âme, comme elle en avait dirigé le premier usage. En effet, beaucoup de préjugés, ceux de la vanité, par exemple, nous furent longtemps inconnus[1]. »

Ne prolongeons pas davantage nos citations; car rien ne saurait remplacer la lecture réfléchie de cette notice vraiment exquise.

Un fait nous frappe par-dessus tout : l'esprit qui animait cette femme éminente du XVIIIe siècle est exactement le même que celui qui avait donné un si puissant ressort à la modeste famille du XVIe, dont Jeanne du Laurens nous fait admirer la rapide élévation. Esprit positif, qui s'inspire des plus hautes vertus, comme de l'expérience la plus pratique! Les enfants se rendent parfaitement compte du profit qu'ils en ont tiré, et ils sont unanimes à le déclarer.

Après avoir suivi de la sorte leurs parents dans leur vie intime et dans les principaux événements de leur plus ou moins longue carrière, les enfants relatent LEUR SAINTE MORT, LEURS DERNIÈRES RECOMMANDATIONS ET BÉNÉDICTIONS.

Les pères et mères au lit de mort ne manquaient jamais autrefois, lorsque la maladie le leur permettait, de bénir leur famille, avec des rites tout religieux, et en employant la formule même de l'Église. Il n'était pas rare qu'ils priassent leurs fils de s'embrasser, pour mieux cimenter l'union qui

[1] *Vie de Mme de Lafayette*, par Mme de Lasteyrie, sa fille; précédée d'une Vie de sa mère, Mme la duchesse d'Ayen (1737-1807). Paris, Techener, 1868, p. 15 et suiv.

devrait régner entre eux. Toujours les pères les conjuraient de respecter, honorer et servir la mère survivante, et de se montrer obéissants envers elle. Lorsque ceux-ci étaient encore enfants, et bien qu'ils ne fussent pas en état de comprendre la scène dont ils étaient témoins, ils les faisaient appeler près d'eux, comme leurs aînés, afin d'imprimer cet esprit de respect jusqu'au fond de leur âme [1].

Les dernières recommandations paternelles et maternelles, ainsi faites dans le moment suprême, sont textuellement relatées dans le Livre domestique. Les enfants les recueillent avec vénération; ils veulent en rendre le souvenir ineffaçable pour eux et pour leur postérité; ils regardent les parents comme inspirés directement de Dieu, à cette heure solennelle entre toutes, et même comme ayant des vues surnaturelles sur leur avenir.

« Ce 11 juin 1669, dit l'un d'eux, mon père rendit l'âme à Dieu. Il avait vécu en grand homme de bien. Il prophétisa le jour de sa mort. » *Livre de raison de Bernardin de Pellicot, écuyer de Marseille.*

Puis ils marquent AVEC L'ANNÉE, LE MOIS, LE JOUR ET L'HEURE DE LA MORT, ET APRÈS LA MENTION DES OBSÈQUES, LEURS DIVERS LEGS PIEUX ET CHARITABLES, ET L'ACQUITTEMENT AUSSI PROMPT QUE POSSIBLE DE CES

[1] *Les Familles,* t. II, liv. III, chap. III, « la Bénédiction paternelle et la Vie future. » — *La Vie domestique,* t. I, p. 352-353, 367-368.

LEGS; — LES MESSES DITES POUR LE REPOS DE LEUR AME ET QU'ILS ONT FAIT ÉGALEMENT CÉLÉBRER SANS DÉLAI [1]; — LE LIEU DE LEUR SÉPULTURE ET L'ENTRETIEN DONT EST L'OBJET LEUR TOMBE; — LEURS PRINCIPALES DISPOSITIONS TESTAMENTAIRES, ET LES ARRANGEMENTS DOMESTIQUES INTERVENUS A CETTE OCCASION.

« Mon père nous avoit recommandé la paix et amitié, et de nous garder de discord, afin que nous pussions jouir en repos du bien qu'il nous avoit acquis. Nous trouvâmes un papier qui portoit ce commandement : ce que nous avons exécuté heureusement, Dieu mercy, et avons partagé sa succession sans aucun procès ni différend... Le commandement d'un si bon père et la bénédiction que Dieu avoit donnée à ses travaux nous ont garantis de procès, et tout ce que mon père a laissé est dans la maison et a esté plus tost augmenté et accru par ses enfans que diminué. » *Journal d'André Lefèvre d'Ormesson*, 1576-1665.

Les images vénérées du père et de la mère rempli-

[1] Un fils mentionne dans son Livre de raison qu'il fait dire chaque semaine une messe pour le repos de l'âme de son père. Il continue pendant bien des années l'accomplissement de cette œuvre de piété filiale; puis il ajoute :

« Il n'y a point de fondation pour cela. Cependant je prie ceux qui viendront après moy de ne point manquer à faire dire cette messe toutes les semaines, sans prétendre néanmoins charger leur conscience, laissant cela à leur volonté et dévotion. » (*Livre de raison d'Antoine de Fresse-Monval*; Valensolle, 1704.)

ront cette première partie du Livre de raison; mais, à côté ou non loin d'elles, on devra ménager une place pour les frères et sœurs, pour les proches auxquels on est étroitement uni par les liens du sang; et l'on n'oubliera pas non plus les amis de la famille, qui sont des parents par le cœur, à moins qu'on ne préfère réserver ces détails pour le journal des principaux événements domestiques[1], en suivant l'ordre des temps.

Les devoirs de parenté ont toujours été regardés comme étant de la même nature que ceux que commande la piété filiale; et les pères et mères avaient coutume autrefois d'habituer de bonne heure leurs enfants à les observer très exactement. Avant de mourir, même, ils leur demandaient de conserver, surtout pour leurs oncles et tantes, les sentiments d'affection et de respect qu'ils avaient nourris chez eux de leur vivant. Souvent, ils les plaçaient sous leur protection, s'ils étaient encore en bas âge[2]. Un de leurs principes était encore qu'il ne faut jamais rougir de ses proches, et que les rapports ne doivent se ressentir en rien des inégalités de position et de fortune.

« Les parents sont à cultiver, soit qu'ils nous fassent honneur, soit que nous leur en fassions, qu'ils soient riches ou pauvres. Nous devons par préférence à ceux-ci nos bons offices et des services,

[1] Ci-dessous, IIe partie, § VI.
[2] *La Vie domestique*, t. I, p. 233-234.

autant que la chose se peut. » *Instructions de Ange-Nicolas de Gardane à ses fils*, Marseille, 1764.

C'est par ces mœurs que la solidarité existe réellement dans les familles, et c'est par là aussi que l'esprit d'union s'établit aux divers degrés de l'échelle sociale.

DEUXIÈME PARTIE

LE PRÉSENT

LE MÉNAGE ET SON ADMINISTRATION

La généalogie, ce sont les ancêtres dont on est issu, c'est la souche domestique à laquelle se rattache toute la parenté.

Voilà la famille : elle a ses racines dans le passé.

Un membre de cette famille vient-il à se marier? A ce moment, sa personnalité s'agrandit et en quelque sorte se transforme : il est constitué chef de maison, il a charge d'âmes.

Voilà le ménage : c'est le présent, avec ses devoirs et ses responsabilités. De là, le Livre de raison personnel que le nouvel époux commence au lendemain du mariage.

Nous conservons au mot « ménage » le sens élevé qui lui était donné dans la vieille langue française. Au XVIe siècle, Jean Bodin le définissait ainsi : « *Le mesnage est le droict gouvernement de plusieurs subjects sous l'obéissance d'un chef de famille*[1]. » —

[1] *Les six Livres de la République*, liv. I, chap. II.

Olivier de Serres disait de même : « *Pour un préalable doncques, le père de famille sera averti de s'estudier à se rendre digne de sa charge, afin que, sçachant bien commander ceux qu'il a sous soy, il en puisse tirer l'obéissance nécessaire, ce qui est l'abrégé du mesnage* [1]. » — Saint François de Sales écrivait à une dame : « *Or sus, vous voilà doncques dans le mesnage. Il faut que vous soyez ce que vous estes, mère de famille. Il faut l'estre de bon cœur et avec l'amour de Dieu.* » Et à une autre : « *Faites avec un soin tout particulier ce que vous pourrez pour acquérir la douceur entre les vostres, je veux dire en vostre mesnage. Il y faut penser en entrant dans la maison, en sortant d'icelle, y estant le matin, à midy, à toute heure* [2]. »

Le ménage est donc plus que l'ordre matériel et l'économie de la maison ; il résume en lui les mœurs, les coutumes, le gouvernement, la vie morale de la famille ; il traduit tout un idéal pratique de religion, de sagesse, de prudence, d'union, de concorde, pour soi, pour ses enfants, ses serviteurs et subordonnés, etc.

C'est en vue de cet ordre vrai et complet qu'est tenu le Livre de raison.

Il embrasse deux parties essentielles :

Les Personnes et les Biens.

1° Le ménage considéré en lui-même, dans les

[1] *Théâtre d'agriculture et Mesnage des champs*, liv. I, chap. VI.

[2] *Lettres de saint François de Sales* ; Œuvres complètes, édit. Vivès, t. XI, p. 8-9 ; t. XII, p. 64.

membres qui le composent; 2° le ménage dans ses éléments et conditions d'existence.

D'abord, le mariage; — ensuite, et successivement, les naissances des enfants, leur éducation, leur établissement, et quelques événements qui ont marqué dans l'histoire actuelle de la famille.

Puis l'inventaire des biens, parmi lesquels la maison paternelle et le domaine patrimonial devront avoir une mention spéciale, et le compte rendu de leur administration, en un mot, ce qu'il importe au chef du petit gouvernement domestique de mettre par écrit, pour lui servir de règle et pour le faire connaître à ses successeurs.

Et maintenant, traçons succinctement un sommaire.

I

LES PERSONNES

1° Notes autobiographiques.

Ici, l'auteur du Livre de raison pourra insérer quelques notes autobiographiques, le concernant personnellement. Il marquera LA DATE DE SA NAISSANCE ET DE SON BAPTÊME, LES FAITS ET SOUVENIRS PLUS PARTICULIERS DES PREMIÈRES ANNÉES DE SA VIE, QUI N'ONT PU TROUVER PLACE DANS LA BIOGRAPHIE DE SES PARENTS, OU DONT IL AURA CRU PRÉFÉRABLE DE FAIRE UN ARTICLE DISTINCT POUR MIEUX LES COORDONNER.

André Lefèvre d'Ormesson, doyen du Conseil d'État sous Louis XIII et Louis XIV, ne néglige pas, dans ses Mémoires domestiques, de fournir des détails sur son éducation, sur le temps qu'il a passé aux collèges du cardinal Lemoine et de Navarre, et sur son cours de droit.

« Voilà en peu de paroles, ajoute-t-il, comme j'ay passé les premières années de ma jeunesse, et j'escris cecy pour m'en renouveler la mémoire quelquefois... »

Un autre écrit de même :

« Je, Pierre-Joseph, suis l'aîné des quatre enfants que mon père, Joseph-François-Jules de Colonia, eut de son mariage avec Marie-Rose Cottier, fille de Claude Cottier, notaire à Lisle, dans le Comtat... Je naquis à Aix, le 1er juin 1746, et je fus baptisé le lendemain, à la paroisse Sainte-Madeleine...

« Mon père n'avoit point ou presque point de fortune personnelle; ma mère ne lui en avoit apporté que fort peu; mais il avoit pour principe qu'une bonne éducation est le capital le plus utile qu'on puisse laisser à ses enfants...

« Je fus placé par lui au collège d'Harcourt, et j'y restai de 1758 à 1762... »

Celui qui trace ces lignes s'accuse ici, pour l'instruction de ses propres enfants, de n'avoir pas assez pris de peine au travail, tant qu'il demeura loin de son père, et il raconte avec une charmante simplicité comment il se résolut à lui en faire l'aveu :

« Dans le courant de mes journées, j'éprouvois

bien quelques remords sur ma conduite; mais les soirs surtout, avant de m'endormir, et quand j'étois dans les rideaux, je me reprochois d'abuser des bontés de mon excellent père et de lui occasionner une dépense que je ne mettois pas à profit pour mon instruction. Ces pensées me troubloient, et, à mesure que le temps s'écouloit, je me trouvois plus coupable. Je pris donc la résolution de tout révéler à mon père et de lui demander la grâce de me rappeler près de lui... »

Tout homme, quelle que soit la situation où l'ait placé sa naissance, est tenu de travailler : voilà le principe que les parents pénétrés de leurs devoirs inculquent de bonne heure aux enfants, en leur répétant qu'ils ne doivent pas compter sur l'héritage; mais, pour que leurs enseignements aient de l'autorité, ils sentent la nécessité de leur en donner l'exemple; et, s'ils ont quelque reproche à s'adresser sous ce rapport, ils n'hésitent pas à le dire, parce que leur expérience est de nature à faire impression. Agrippa d'Aubigné écrit en tête de ses Mémoires :

« Mes enfans, voicy le discours de ma vie en la privauté paternelle. Ne pouvant rougir envers vous ni de ma gloire, ni de mes fautes, je vous conte l'un et l'autre, comme si je vous entretenois encore sur mes genoux. Je désire que mes heureuses et honorables actions vous donnent de l'envie, pourveu que vous vous attachiez plus exprès à mes fautes, que je vous découvre toutes nues... »

Hurault de Cheverny, qui fut chancelier de France en 1581, après la mort de Biragues, obéit à la même inspiration :

« Et d'autant que les exemples des pères peuvent servir aux bons enfans, je me suis résolu d'y employer fort sérieusement les principales actions et les progrès de ma vie passée... Que Dieu accorde à mes enfans la grâce qu'ils fassent beaucoup mieux que je n'ay faict !... »

On ne fait pas son Livre de raison pour se décerner des éloges. Comme c'est, avant tout, un grand acte de conscience, le père ne néglige pas de constater en quoi il s'est trompé, et il rend en cela un service éminent à ceux qui lui succéderont :

« Je voudrais pouvoir appeler ce Livre « la sagesse de la famille ». Il faut qu'il se continue d'âge en âge, qu'il soit le dépositaire de nos succès comme de nos erreurs, *en sorte que, faisant tourner au profit de ceux qui viendront le bien et le mal de ceux qui existent, il lie toutes les générations les unes aux autres et n'en forme qu'une famille toujours vivante.* » *Livre de raison d'Antoine de Courtois*, 1812.

Nous reconnaissons là un trait distinctif des anciennes éducations, et rien n'est plus remarquable à constater que cet esprit de sincérité.

« Ce n'était pas seulement ce que ma mère avait

d'admirable que nous apprenions à imiter, dit Mme de Lafayette ; *c'était encore ce qu'elle trouvait à réformer qu'elle voulait nous enseigner à réformer en nous*. C'étaient même les défauts, qu'elle pouvait n'y pas discerner assez clairement, qu'elle désirait que nous apprissions à corriger en nous-mêmes, par la comparaison de ces défauts et de ces principes. Elle nous racontait des circonstances où elle s'était trompée sur ce qu'elle devait faire, les causes et les suites de ces petites erreurs... »

D'ordinaire, au moment où il entrera en ménage, l'auteur du Livre de raison aura déjà un état, une profession. Il se sera créé une sphère d'activité : il sera soldat, juge, avocat, médecin, notaire, ou simplement agriculteur faisant valoir son domaine, ce qui est une des plus hautes fonctions sociales, lorsqu'elle est bien et chrétiennement exercée. — Le voilà engagé dans une carrière, et le mariage qu'il vient de contracter le stimule à y porter un surcroît d'application. — Sans lui demander ce qu'il n'est pas donné à tous d'entreprendre et ce qu'il faut laisser aux hommes publics, mêlés à de grandes affaires, sans exiger de lui qu'il écrive des Mémoires proprement dits, comment n'attendrait-on pas de son esprit distingué, et ouvert aux nobles et généreuses aspirations, quelques notes, si brèves qu'elles soient, sur ses avancements dans cette carrière, sur sa nomination à telle ou telle charge conférée par l'État ou élective ? Des pages blanches lui permettront de constater plus tard les avantages matériels et moraux qu'il y a trouvés pour lui-même, pour l'entretien de sa famille, pour l'établissement de ses fils et filles.

C'est ce que pratiquaient nos pères, et ils accompagnaient chaque fait marquant une date, un événement important de leur vie, de réflexions touchantes par leur simplicité.

« J'ay esté eslu syndic des advocats de la Cour, le 7 octobre 1618...

« Le 1er may 1637, j'ay esté eslu primicier de l'Université de cette ville d'Aix, sans aucune brigue ny peine, ayant eu quasi toutes les voix. J'ay passé mon année fort heureusement et fort honorablement. *Sit nomen Domini benedictum*...

« J'ay esté eslu assesseur d'Aix, procureur du pays de Provence de l'année 1640, sans brigue ny désir d'entrer dans une si illustre et pénible charge, et je n'ay eu que trois ou quatre voix contraires, sur les nonante dont le Conseil estoit composé... J'ay achevé mon année d'assesseur et de procureur du pays avec beaucoup de peine et de fatigue, mais avec beaucoup d'honneur. Dieu en soit loué! Je confesse ingénuement que ce m'a esté l'année la plus dure de toutes celles que j'ay passées. J'estime avec certitude et vérité que Dieu m'a adsisté extraordinairement, voyre miraculeusement, par l'intercession de la Vierge Marie, que j'ay tous jours invoquée, de quoy je seray journellement mémoratif. »

Livre de raison de Joseph de Garidel.

Près d'un siècle et demi après, en 1777, un des arrière-petits-fils de cet homme de bien, Bruno-Pierre de Garidel, devient conseiller au Parlement de Provence; il mentionne le fait dans son Livre de raison, et il y ajoute les pensées suivantes :

« Le dernier jour de juin 1777, j'ay été reçu en l'office de conseiller au Parlement de Provence. Ce n'est pas sans trembler que j'envisage les devoirs d'un juge. Sagacité, connoissances, droiture, intégrité, enfin tout ce qui peut tendre moralement à la perfection humaine, doit résider en la personne de ceux dont l'opinion décide de l'état et de la vie des citoyens. Tenant la place du Maître tout-puissant, ils ont besoin, pour ainsi dire, d'un rayon de ses lumières pour démesler la vérité au milieu des formes et des mensonges dont elle est entourée.

« Telle est la carrière que je vais parcourir. Mes foibles connoissances me conduiront à tâtons dans cette voie obscure. Désirant d'en connoître les détours, je m'appliqueray à chercher tout ce qui pourra m'instruire... »

C'est ainsi que la religion et un grand esprit de devoir peuvent relever dans le Livre de raison l'indication des états de service, les détails donnés sur la charge ou la profession qu'on exerce.

Quelquefois, pour plus de clarté, l'auteur du Livre dresse, année par année, et sous autant de numéros d'ordre, la récapitulation des divers événements de sa vie, en leur entremêlant ceux qui se produisent dans sa famille et aussi quelques faits mémorables qui ont eu pour théâtre la cité ou l'État. En voici un exemple; il nous est fourni par le registre domestique de Bernardin de Pellicot, un des seize enfants de François de Pellicot, écuyer de Marseille.

« 1619. — Je naquis le 15 janvier 1619; mon nom est Bernardin...

« 1622. — En octobre, Louis Treizième fit son entrée à Marseille. Je me ressouviens de l'avoir vu étant à une des fenêtres de notre maison, proche des Augustins.

« 1628. — Mon frère Boniface se fit religieux de l'Ordre des Augustins déchaussés...

« 1629. — Naquit un autre frère du nom de Boniface.

« 1641. — M. le comte d'Alais leva sa compagnie d'ordonnance, pour aller assister les Catalans, qui avoient quitté le Roy d'Espagne. Nos frères Guillaume et Denis furent levés pour maîtres de cette compagnie.

« 1642. — Étant à présent dans la vingt-troisième année de mon âge, et ayant fini mes études, j'entre en moi-même pour prendre une résolution. Quel chemin dois-je suivre? Mais, comme notre amour-propre, qui nous aveugle et qui nous porte à la vanité et à l'hypocrisie, nous empêche d'avoir une connoissance parfaite de nous-mêmes, il me donne sujet de déclarer mes défauts à un personnage capable. Celui-ci, sur le récit que je lui en fis, me dit que je devois passer docteur en droit, *étant plus utile à la maison qu'autrement*, nonobstant mes imperfections, que je lui avois mis en notice et qui étoient grandes pour la fonction d'avocat, sçavoir : timidité, difficulté de parler, la voix basse, les poumons foibles, facilité à apprendre et à oublier, et finalement que la lecture me causoit un grand mal de tête...

« Néanmoins, suivant ce conseil, je passe docteur en droit à l'Université d'Aix, ce 9 février 1642. Mes parrains ont été... Outre mes parrains, y ont assisté Messieurs du Parlement... Il y a eu plus de cinq mille personnes à la maison...

« Je fréquentai le barreau quelques mois dans Aix; mais, parce que j'étois ordinairement malade, l'on conseilla à mon père de me tenir quelque temps à Marseille, et peut-être que l'air m'y seroit plus favorable.

« Je partis d'Aix la veille de Saint-Laurent, et me fis recevoir au Siège dudit Marseille le 14 août...

« 1643. — Le 20 février, je plaidai ma première cause par devant M. le lieutenant de Beausset; et, comme de coutume, il me donna quelques louanges, disant que j'avois un avantage par-dessus les autres, sçavoir que j'étois sorti d'une famille où il y avoit eu de grands personnages, faisant mention de la prudence et sagesse de mon ayeul, de l'éloquence de M. le président Pellicot, de sa vertu, et des honneurs qu'il avoit eus, et de sa vie : ce dont l'assistance fut tout étonnée, considérant que je n'étois que simple avocat, ayant perdu tout cet honneur et gloire du monde. Mais, en vivant bien, l'on est toujours en même estime.

« 1644. — Mon frère le cadet est parti pour l'Italie, à la suite de M. de Saint-Chamon, ambassadeur extraordinaire de Sa Majesté. Il y a demeuré sept ou huit mois, jusqu'à la création du pape Innocent XX...

« 1645. — Mon frère le cadet a été au siège de Roses, qui a duré deux mois, étant capitaine d'une compagnie d'infanterie.

« 1646. — Le 7 août, mon père m'a émancipé, et par icelle émancipation il s'est démis de la grande maison que nous avons à la place des Prêcheurs de la ville d'Aix, ensuite du fidéicommis fait par mon ayeul. L'acte a été dressé par M. Laure, notaire... »

Notons ici que cette maison, construite en 1539 par Antoine Pellicot, secrétaire rational et archivaire de la Chambre des comptes de Provence, est demeurée jusqu'en 1818 dans la famille de son fondateur[1]. et que la souche des Pellicot a produit en moins de deux siècles cent sept rejetons, magistrats, avocats ou prêtres.

[1] Encore en 1818, elle était habitée par Esprit de Pellicot, docteur en droit, issu directement, avec vingt-deux frères et sœurs, d'Antoine Pellicot.

Nous empruntons ces détails et ces extraits du Livre de raison de Bernardin à une notice sur les Pellicot, publiée en 1862 par M. Octave Teissier sous ce titre : *Histoire d'une ancienne famille de Provence.*

Bernardin de Pellicot écrit encore :

« 1662. — Le 5 février, on procéda à l'élection des judicatures de Saint-Louis et de Saint-Lazare, à Marseille. M. d'Ortigue fut fait juge de Saint-Louis, et moi de Saint-Lazare...

« 1666. — J'ai été fait juge de Saint-Lazare pour la deuxième fois ; j'ai prêté serment... »

Nous avons reproduit ces extraits, malgré leur longueur, pour fixer la méthode à suivre, lorsqu'on adopte l'ordre chronologique. Ici, tout est mêlé, détails sur les parents, les frères, les sœurs, l'éducation qu'on a reçue, la profession qu'on a embrassée, l'indication du mariage qu'on a contracté et des enfants nés de ce mariage, etc... Nous avons cru préférable d'établir un classement, en réservant pour chaque sujet des pages et des titres distincts.

Il importe d'ajouter que ces notes autobiographiques ne sont pas écrites seulement par des gens appartenant aux classes supérieures ou aux professions libérales [1], que de modestes commerçants en tracent d'exactement semblables et dictées par le même esprit.

[1] Les hommes qui se sont consacrés à la science ou aux lettres pourront également marquer ici quelques détails succincts, au sujet de la publication de leurs livres et travaux.

Le Livre de raison de Joseph Vernet, conservé à la bibliothèque publique d'Avignon, renferme le catalogue presque complet de ses tableaux.

« J'avois de dix-neuf à vingt ans, dit Toussaint M..., marchand de drap à Aix, quand je vins dans cette ville, pour y faire le commerce que j'ay continué jusques aujourd'huy. Je l'avoue, j'ay fait bien des fautes ; elles n'ont porté tort qu'à mes intérêts. Je ne me souviens pas d'avoir causé préjudice à mon prochain, et je serois prêt à rendre, si je me rappelois la moindre chose... »

Toussaint M... nous initie aux divers degrés de l'accroissement de sa fortune. Il raconte comment, d'abord simple commis, il est devenu l'associé et le gendre de ses patrons, et ensuite le chef de la maison, enfin comment il s'est associé plus tard un de ses fils.

2° Le mariage.

Après avoir résumé de la sorte en quelques lignes sa propre biographie, avec ses états de service, après avoir surtout indiqué sa situation au moment du mariage, l'auteur du Livre de raison inscrira LE JOUR ET L'HEURE OU CE MARIAGE A ÉTÉ CÉLÉBRÉ, L'ÉGLISE OU IL A EU LIEU, LE NOM DU PRÊTRE QUI A DONNÉ LA BÉNÉDICTION NUPTIALE, ET CEUX DES PARENTS ET TÉMOINS QUI L'ONT ASSISTÉ DANS CE GRAND ACTE.

Il marquera également en substance LES PRINCIPALES CLAUSES DU CONTRAT DE MARIAGE, AVEC LE NOM DU NOTAIRE, L'APPORT DOTAL DE LA FEMME.

Il notera enfin les faits et fêtes domestiques qui se sont produits à cette occasion, et dont il désire garder le souvenir.

Les formules employées par nos pères, en de semblables circonstances, sont à citer :

« Le 27 janvier 1684, je me suis marié dans cette ville d'Aix et ay espousé demoiselle Thérèse de Bougerel, fille de M. de Bougerel, conseiller et secrétaire du Roy, et de dame Isabeau d'Eyguisier, à laquelle il a été constitué par son dit père vingt mille livres, à savoir, douze mille le jour du mariage, plus deux mille de coffres, et les autres six mille après le décès de ses père et mère. Acte reçu par M. Beausier, notaire.

« Nos espousailles se sont faites à la paroisse Sainte-Magdeleine. Fasse le ciel que ce soit pour un heureux établissement et pour l'honneur et gloire de Dieu, afin que, s'il me donne des enfants, ils soient élevés pour l'honorer et le servir...! » *Livre de raison de G. de Fresse-Monval.*

— « Voicy une des plus importantes actions de ma vie : c'est mon mariage, que je contractay le 1er may 1605. Le sainct sacrement s'administra en l'église Sainte-Magdeleine... Je fus assisté de mes frères... Dieu me fasse la grâce que ce soit pour longues années et à son honneur et gloire! » *Livre de raison de Joseph de Garidel.*

— « Le 1er juillet de la présente année 1700, je me suis marié avec demoiselle Anne-Marie Brémond, fille de M. Pierre Brémond et de dame Françoise Robert... Mon contrat de mariage avoit été passé, le 27 juin, aux écritures de M. Bonnefoy, notaire...

« Droits et biens de demoiselle Anne-Marie Brémond, ma femme, la personne de laquelle vaut plus que tous les biens... » (Suit l'énumération de l'apport dotal.) *Livre de raison de Charles Barcilon, notaire à Carpentras.*

Ici, le nouvel époux peut, selon la coutume, placer une notice sur la famille de sa femme, dont il résume la généalogie en quelques lignes.

2° Naissances des enfants.

LES NAISSANCES ET BAPTÊMES DES ENFANTS SERONT MARQUÉS SUCCESSIVEMENT A LEUR DATE, AVEC L'INDICATION DE L'HEURE, DU JOUR, DU MOIS, DE L'ANNÉE... ON DIRA EN QUELLE ÉGLISE A EU LIEU LA CÉRÉMONIE BAPTISMALE, LE NOM DU PRÊTRE BAPTISANT, CEUX DES PARRAINS ET MARRAINES [1].

De tout temps, les familles chrétiennes ont tenu à donner à leurs fils ou filles les noms de saints patrons, pour lesquels elles avaient une dévotion spéciale et sous l'égide desquels elles plaçaient leur foyer. Qu'on ne néglige pas de suivre de si belles et bonnes coutumes, dans le choix qu'on fera des prénoms des enfants. Ceux-ci seront écrits très exactement.

Une très ancienne famille du Rouergue a encore de nos jours le privilège de posséder toute une col-

[1] Autrefois, beaucoup de familles chrétiennes faisaient ces inscriptions au commencement ou à la fin de leurs livres d'heures. Cette ancienne coutume tend à renaître aujourd'hui. Dans les livres de mariage, on laisse des pages blanches destinées à recevoir l'indication des naissances et les principaux actes religieux de la vie des enfants; mais elles sont rarement remplies.

Le Livre de raison est mieux approprié à cet usage.

lection de Livres de raison, qui remontent jusqu'à 1346. Les naissances, appartenant au XIVe siècle, y sont enregistrées en ces termes, dans la langue du pays :

« JH. AMEN. — *En nom de Dieu et de la Sancta Trinitat et de la gloriosa Immacul. Virgen Maria, nasquet mon filh....,* » et on ajoute : « *Al qual Dieu done bona vida, amen.* »

En Dauphiné, on trouve des registres consacrés tout particulièrement à l'inscription des mariages, naissances et décès.

« J. M. J. — *Au nom de Dieu, soit commencé ce Livre, pour me servir de règle et souvenance du jour des naissances et baptêmes de mes enfans d'entre moy et Rose Moulmy, mon espouse. Que Dieu veuille qu'ils soient baptisés et faicts bons chrestiens*[1]*!* »

En Provence, les Livres de raison nous offrent, après l'enregistrement du mariage, des formules telles que celle-ci :

« *Mémoire du jour de la naissance des enfants qu'il a plu à Dieu de nous donner.* »

Il y en a souvent dix, douze, quinze, et même

[1] Livre domestique tenu par un descendant de Jacques Brunier, chancelier d'Humbert, Dauphin du Viennois.

vingt. Chacun d'eux est l'objet d'une oblation à Dieu :

« Le 22 décembre 1685, jour de samedi, à sept heures du matin, ma femme s'est accouchée heureusement de mon fils Antoine, le premier que Dieu m'a donné. Le même jour, il a été baptisé à la paroisse Sainte-Magdeleine par M. Grange, curé. Son parrain a esté Antoine de Bougerel, son grand-père, et sa marraine Isabeau d'Eyguisier, sa grand'mère.

« Dieu me l'aye donné pour l'honorer et le sanctifier, suivant sa sainte volonté! Je supplie la glorieuse Vierge Marie, nostre mère, d'estre son advocate et sa protectrice. Mon fils est né le jour qui luy est consacré. Puisse-t-il estre bien dévot à elle! Ainsi soit-il. » *Livre de raison de G. de Fresse-Monval.*

Les naissances et baptêmes de onze autres fils ou filles sont inscrits de 1685 à 1701, avec de semblables invocations. Le huitième vient au monde le samedi saint, 2 avril 1695; et le père d'écrire :

« Il est né la veille de la résurrection du Sauveur et le lendemain de sa mort et passion. Je prie Dieu qu'il verse sur luy ses grâces pour sa sanctification. »

En 1716, Antoine se marie, et, à l'exemple de son père, il mentionne dans son Livre domestique son mariage et ensuite les naissances de ses sept enfants.

Toutes les formules que nous avons trouvées, dans plus d'une centaine de ces vénérables monuments de la vie de famille, sont très touchantes; et les sentiments de foi qui les inspirent expriment bien la pensée qui, dès le berceau, doit présider au grand œuvre de l'éducation :

« Dieu luy donne longue vie et luy fasse la grâce d'estre homme de bien ! — Dieu le fasse vivre en sa sainte crainte ! — Dieu le fasse vivre pour le servir chrestiennement ! — Je demande à Dieu de me conserver cet enfant, si c'est pour sa gloire et pour notre salut. Nous ferons, sa mère et moi, tout notre possible pour le bien élever chrétiennement, et tâcherons de lui donner l'éducation qui sera en notre pouvoir, pour en faire un bon chrétien et un parfait honnête homme. Fasse le ciel que nos prières ne soient pas infructueuses, et qu'il soit heureux ici-bas et dans l'éternité ! »

En Bourgogne, l'esprit chrétien qui dicte ces souhaits paternels et maternels n'est pas moins remarquable :

« Dieu lui donne les grâces nécessaires pour devenir un grand saint ! — Dieu lui fasse la grâce d'être sage et vertueux ! — Dieu lui donne le don de chasteté et de persévérance ! — Je prie Dieu qu'il le prenne sous sa protection et lui donne les qualités nécessaires qui font estimer un bon citoyen ! — Dieu veuille lui accorder toutes les grâces qui lui sont nécessaires[1] ! »

En Picardie, à Amiens, une famille du XVIIe siècle reproduit trait pour trait les mêmes mœurs. Un simple marchand de drap, nommé Pagès, écrit dans des Mémoires domestiques (1684-1723) qui nous ont été conservés :

« Dieu a béni mon mariage avec Jeanne de Rouvroy, ma femme, fille de Pierre de Rouvroy, marchand épicier de cette ville, et de Jeanne Acard, par la naissance de huit enfans, sçavoir d'un garçon et de sept filles, jusqu'à ce jour, vingtième de janvier 1701, que j'escris la présente généalogie. »

La venue d'un second fils porte une grande joie dans le ménage :

« La divine bonté, continuant de verser ses saintes bénédictions sur notre mariage, nous favorise de la naissance d'un autre fils. Je prie Dieu de tout mon cœur que, par le mérite de son très précieux sang, il luy plaise faire grâce au père, à la mère et à nos neuf enfans tous vivans, de le servir si fidèlement sur la terre que nous puissions le posséder éternellement dans le ciel. Ainsi soit-il. »

Quelquefois, le père, en même temps qu'il in-

[1] Textes communiqués par M. Arcelin.

voque Dieu, fait un examen de conscience sur ses devoirs, et il l'écrit pour l'avoir sans cesse devant les yeux :

« Je commençay en ce temps (1632) à devenir père par la naissance de ma fille... Ma famille a, par la grâce de Dieu, augmenté en la suite, ma femme ayant mis au monde dix-huit enfans.

« Conservez-les, Seigneur, pour vostre service et pour vostre gloire. Ostez de grâce, mon Dieu, de tous eux ce qui peut vous déplaire, et despartez-leur vos sainctes bénédictions.

« C'est une bénédiction du ciel d'avoir des enfans; mais nous n'en usons pas toujours selon le debvoir de nostre recognoissance : d'où il arrive que ce qui debvroit servir à nostre consolation cause le plus souvent nos peines et nos desplaisirs. La trop grande sévérité, la trop grande indulgence, sont également à craindre, mais bien plus cette dernière, comme plus propre à l'homme et plus naturelle au père. C'est pourquoy on les doibt éviter et s'acquitter de ce debvoir de père, avec toute la circonspection que mérite l'obligation que nous en avons à Dieu. » *Mémoires de Charles de Grimaldi, marquis de Regusse, président au Parlement de Provence*, 1612-1665.

Les mères ont des accents d'une grande éloquence, quand elles tiennent la plume. Une des sœurs du chancelier d'Aguesseau s'adresse à son fils en ces termes :

« Je commencerai par vous dire que le plus vif et peut-être le seul désir de mon cœur, par rapport à vous, a été votre salut éternel... Dès que je vous portai dans mon sein, je vous offris à Dieu... Quand on vous rapporta auprès de moi, après le baptême, en revenant de l'église de Notre-Dame d'Alençon, notre paroisse, je dis le verset du Psalmiste : « *Confirmez, Seigneur, ce que vous venez de faire dans votre saint temple.* » Et j'ajoutai ensuite : « *Mon Dieu, je vous rends grâces de celle que vous venez de faire à cet enfant. Je vous l'offre de tout mon cœur; il est à vous plus qu'à moi. S'il doit jamais souiller cette robe blanche dont vous venez de le revêtir, j'aime mieux le voir mourir pendant qu'il est sans tache.* » Ces sentiments, je vous l'avoue, me sont devenus si familiers que, depuis vostre baptême, je n'ai pas discontinué un seul jour de renouveler cette prière [1]. »

Les morts sont l'objet d'inscriptions accompa-

[1] Mme de la Rochefoucauld, duchesse de Doudeauville, disait de même à sa fille, au sortir de la révolution :

« Je me rappelle, mon enfant, qu'à peine étiez-vous née, je vous offris à Dieu, et dès ce moment, où je sentais avec transport le bonheur d'être mère, où mes souffrances me semblaient trop douces puisque vous deviez en être le prix, où j'aurais trouvé juste de payer de ma vie le bonheur de vous avoir donné le jour; eh bien! à ce moment, je demandai à Dieu de ne vous conserver que si vous deviez l'aimer éternellement. Il a reçu mon sacrifice, et il vous a laissé l'existence. Ne m'est-il pas permis d'espérer que mon désir, mon vœu sera accompli dans toute son étendue? »

gnées de non moins belles oblations, invocations et prières :

« Dieu l'a appelé en son paradis. — Il nous a délaissés pour s'envoler au ciel, où Dieu nous fasse la grâce d'aborder et d'entrer par sa sainte miséricorde. — Anne, notre fille, est décédée de ce monde pour s'en aller aux cieux. Dieu nous conserve le surplus de nos enfans, en son honneur et gloire! — Il estoit juste que je payasse quelque chose au bon Dieu. Il sembloit même que je luy devois la disme de mes enfans. Le bon Dieu est le maistre, il donne les enfans, il les oste, et il sait pourquoy. »

4° Journal des éducations.

Les naissances des enfants, avons-nous dit, seront inscrites à la suite les unes des autres. Puis l'on ouvrira pour chacun d'eux un chapitre particulier; ou peut-être sera-t-il plus simple de marquer successivement, et dans l'ordre chronologique, les détails qui concernent les éducations.

On a vu plus haut en quels termes un président au Parlement d'Aix parlait de ses devoirs comme père. Entendons maintenant un témoignage non moins expressif, pour savoir comment les familles chrétiennes réalisaient pratiquement ces grands devoirs, et quel usage elles faisaient pour cela du Livre de raison :

« Comme l'affaire la plus sérieuse de l'homme est de travailler avec soin à son salut éternel, j'ai cru devoir insérer au commencement du présent Livre *quelques instructions générales qui regardent la religion chrétienne, avec les principales obligations du chrétien*. Le premier motif qui m'engage à le faire, c'est qu'en ouvrant ce Livre de raison pour régler quelque affaire domestique, je pourrai voir si ma conduite répond ou non aux règles du christianisme. Au cas où je m'apercevrois par cet examen que j'ai le malheur de ne pas les observer, comme je le dois, les reproches intérieurs de ma conscience me feront, moyennant la grâce de Jésus-Christ, rentrer dans mes devoirs. — Le second motif est que, le devoir tout particulier d'un père à l'égard de ses enfans étant de les élever dans l'amour et la crainte de Dieu, je me crois obligé de leur parler des affaires qui intéressent leur avenir éternel, avant de les instruire des affaires domestiques ou temporelles.

« Fasse le ciel que mon dessein puisse contribuer à mon salut et à celui de ma famille ! Je l'espère, Seigneur, de votre sainte grâce, que je vous demande de tout mon cœur. C'est avec elle et par elle que je mettrai en pratique vos saints commandemens, et que j'instruirai mes enfans, bien plus par mon exemple que par tout ce que je pourrois leur dire. » *Livre de raison d'André Clappier, médecin*. Moustiers (Basses-Alpes), 1740.

Nos lecteurs n'ont pas oublié André Clappier et le tableau domestique dans lequel il est représenté, assisté de sa femme et entouré de tous les siens, dictant ses conseils à ses enfants. Que leur dit-il ? La citation que nous venons de faire suffirait à nous l'apprendre. Mais il y a encore quelques traits à ajouter; et, puisque nous résumons ici les principes et les mœurs qui jusqu'à ce jour ont servi de bases aux éducations, il ne sera pas sans intérêt de noter les formules que ce père modèle du XVIIIe siècle donnait pour conclusion à ses instructions religieuses :

« Mes chers enfans, pour être heureux, ne faites jamais rien contre les lois divines. Je ne saurois trop vous le recommander, et cela m'oblige de vous prescrire les trois règles suivantes; elles sont un abrégé de tout ce que je puis vous avoir dit des devoirs d'un bon chrétien.

« 1° *L'amour de Dieu.* — La première consiste à avoir la crainte de Dieu et son saint amour, à un degré supérieur, en sorte que vous soyez toujours prêts de tout sacrifier, plutôt que de ne pas accomplir ses commandemens, et ceux de la sainte Église, dont vous êtes les fils par l'adoption spirituelle que vous avez contractée dans votre baptême.

« *L'amour des parens et des proches.* — La seconde est d'avoir envers vos pères et mères et autres proches parens un grand respect, un amour filial et tendre, qui vous portent à leur être soumis et à pourvoir à tous leurs besoins spirituels et temporels.

« 3° *L'amour du prochain.* — La troisième est que vous ayez pour votre prochain une charité qui vous porte à le secourir dans ses nécessités, à le consoler dans ses afflictions, à vous réjouir de ses prospérités, à couvrir ses défauts et à l'en reprendre prudemment, à l'instruire et à lui donner bon conseil, en lui inspirant la douceur lorsqu'il est en colère, et la paix quand il a des inimitiés; comme aussi à vous employer tout de bon et avec zèle pour lui faire terminer ses procès et différends.

« Si vous êtes fidèles, mes chers enfans, à mettre ces règles en pratique, non seulement vous vivrez contens et tranquilles en ce monde et vous y serez estimés, mais encore vous serez heureux dans l'autre. Puis-je faire de meilleurs souhaits pour vous ? »

Nos lecteurs trouveront plus loin un abrégé assez complet des enseignements que les parents avaient coutume de laisser, par écrit, sur l'application de ces principes. Dans le moment, arrêtons-nous à un fait essentiel. Jusqu'à nos jours, tout père de famille digne de ce nom a mis au premier rang de ses devoirs de travailler à l'éducation de ses enfants, et cette éducation, il a commencé par l'établir sur la religion. L'ancienne France n'est pas seule à en fournir la preuve; la tradition du genre humain, aussi loin qu'on remonte, le proclame. Rien même n'est plus saisissant que les monuments laissés sous ce rapport par les pères modèles de tous les temps [1].

Quel intérêt n'aurait pas un Journal des éducations tenu dans cet esprit! Avons-nous besoin de dire l'influence qu'il pourrait avoir pour le relèvement du respect de l'autorité paternelle, aujourd'hui si amoindrie et abaissée?

Là il serait fait mention des premiers actes de la vie religieuse des enfants.

Nous avons connu une mère chrétienne qui, dès que l'un des siens touchait à l'âge de raison, le préparait à se présenter au saint Tribunal et lui

[1] *La Vie domestique*, t. II, chap. III.

remettait ensuite un papier écrit de sa main, et où elle lui disait :

« J'en suis sûre, mon fils, tu as béni ton Sauveur de t'avoir lavé dans son sang adorable des souillures que, tout jeune encore, tu avais eu le malheur de contracter. Je l'en bénis avec toi, mon bon ami, et je le prie de pénétrer ton cœur de la plus vive reconnaissance. Aime Dieu de tout ton cœur; évite avec soin tout péché, afin de ne point perdre cette pureté que tu as eu le bonheur de recouvrer et qui te rend si agréable à ses yeux. Désire avec ardeur le jour, le grand jour où tu pourras recevoir ton Dieu dans le sacrement de son amour... »

Puis, quand ce grand jour était venu, la même mère modèle écrivait, pour celui de ses enfants qui avait fait sa première communion, tout un mémorial de vertu et de piété :

« Je te prie, mon cher fils, de le conserver toute ta vie, et je te demande de le lire attentivement chaque année. C'est au nom de toute ma tendresse pour toi et de ton propre bonheur que je t'en conjure.

« Oui, cher enfant, du bonheur, je t'en souhaite beaucoup. Une mère pourrait-elle ne pas en désirer immensément à son fils? Mais je sais qu'il n'y en eut jamais de vrai et de stable que pour celui qui aima Dieu et qui le servit avec fidélité. J'ignore à quoi la divine Providence te destine ; mais je suis assurée que, dans quelque position que tu te trouves, si tu es bon chrétien, tu seras heureux; et cette lecture bien faite, comme je te le demande, mon cher ami, t'aidera à l'être toujours davantage, comme aussi elle t'aiderait à le redevenir, si (à Dieu ne plaise que cela arrive jamais, et ce que je le conjure de ne pas permettre!) tu cessais pour quelques instants de l'être... »

Les instructions données de la sorte sont trop étendues pour être reproduites en entier. Elles étaient simples, tendres, graves, profondes; elles avaient été reliées en tête d'un livre de piété, qui devait les empêcher de se perdre; mais n'auraient-elles pas été utilement insérées aussi dans le Livre de raison [1]?

Nos pères relataient dans leurs Livres domestiques, parmi tous les grands actes de la vie religieuse de leurs enfants, celui de leur confirmation. Si l'un d'eux entrait dans les Ordres sacrés, ils enre-

[1] Ajoutons à ce trait, emprunté à la Provence, ce que Mme de Lafayette nous dit de sa mère, la duchesse d'Ayen, et des instructions qu'elle en avait reçues avec ses autres sœurs, dans la préparation à la première communion :

« La grandeur et la vivacité de sa foi lui faisaient envisager les dispositions avec lesquelles nous nous approcherions du sacrement comme décisives pour notre bonheur éternel. Aussi rien n'était négligé pour nous y préparer : instructions solides, exhortations qui développaient l'instruction d'une manière plus étendue et *l'appliquaient à la pratique, à la conduite de la vie.* Le catéchisme du concile de Trente, l'exposition de la doctrine de Mézenguy, qu'on nous faisait apprendre par cœur, fournissaient le texte de ces instructions et exhortations, qui ne duraient pas moins de onze à treize ans. »

gistraient l'événement de sa première messe de prêtrise, célébrée au milieu d'un grand concours de parents et d'amis; et ils faisaient de même lorsqu'une de leurs filles prenait le voile.

Les premières leçons, ayant pour objet l'instruction et les études élémentaires, sont données souvent au foyer par les parents eux-mêmes.

« Dès que mes enfans étoient parvenus à l'âge de trois ans, je commençois de leur donner des leçons de lecture. Je leur apprenois ensuite à écrire, et, lorsqu'ils avoient environ sept ans, je leur enseignois les premiers principes de latinité. Je leur fis faire ensuite les basses classes jusqu'à l'âge de douze à quatorze ans. J'étudiois en même temps leur caractère, en leur inspirant de bonne heure l'amour du travail et la crainte de Dieu. » *Livre de raison d'Honoré Thouron, notaire à Besse (Var)*, 1776.

— « Je vais à la messe tous les jours à sept heures avec mes enfants. Nous déjeunons ensuite; puis quelques soins de ménage; puis le travail, en lisant tour à tour la Bible, une leçon de grammaire, toujours en travaillant... Dès que je suis un peu tranquille quelque part, c'est toujours le plan ordinaire de notre vie. Mon grand objet est de leur inspirer beaucoup de piété et de les occuper beaucoup. » *Journal de Mme de Lamartine*, 1801-1829.

Tous ces parents modèles considèrent une solide

piété et l'amour du travail comme le fondement des éducations et de l'instruction.

« Dieu le rende sage et chrétien! dit de son fils la mère dont nous venons de citer le journal. Puisse-t-il aimer ce que j'aime dans les croyances qui me donnent la paix ici-bas et la vraie immortalité en perspective!... Une fois qu'une mère a mis au monde un fils et qu'elle lui a inculqué sa foi, que peut-elle, sinon mettre toujours sa main entre le flambeau de cette foi et le vent du siècle qui veut l'éteindre? »

Ce vent du siècle est terrible; il pénètre partout, même dans les foyers chrétiens; il agit sur les enfants, dès leur bas âge :

« Mon Dieu! qu'il est difficile de faire un homme! »

Mais le père et la mère sont là, veillant sur leur trésor, avec les inspirations d'un amour plus puissant encore que le vice originel qu'ils ont à combattre. Ils savent quelle est leur responsabilité devant Dieu; ils placent leur confiance dans son secours; et, s'ils lui demeurent aussi fidèles qu'ils sont étroitement unis l'un à l'autre, que ne peuvent-ils sur l'esprit et le cœur de leurs enfants? Ce n'est pas trop également de leur accord pour bien choisir les maîtres entre les mains desquels ils les mettront, pour l'achèvement de leur instruction. Jeanne du Laurens ne néglige pas de nous dire quelles étaient, à cet égard, les sollicitudes de ses parents; combien, par leurs rapports avec les régents du collège d'Arles, *ils donnaient à ceux-ci l'occasion de se peiner, en sorte que leurs enfants devinssent tous vertueux.*

Le Livre de raison mentionne, comme un événement domestique, l'entrée des enfants à l'école, leurs succès au collège ou à l'université, les noms de ceux de leurs maîtres qui se sont montrés le plus dévoués.

Jehan de Gennes, habitant de la ville de Vitré en Bretagne (1497-1515), envoie son fils au collège de Navarre à Paris; et, après avoir marqué la date de son départ, il ajoute : « Dieu lui donne la grâce d'être homme de bien ! » — Un modeste propriétaire vigneron de la Bourgogne écrit : « Ce jour d'huy, 2 novembre 1739, ma fille est allée en pension à Mursange. » En Provence, les formules sont très expressives : « J'ay mis ma fille en pension, ce 28 septembre 1658, chez les dames religieuses Bernardines d'Aix, pour y prendre la crainte de Dieu et la vertu. » *Livre de raison d'Antoine Bougerel, conseiller et secrétaire du Roi.*

« Pendant toutes ses classes, outre son debvoir dont il s'est très bien acquitté, mon fils aîné s'est rendu bon géographe, mathématicien, ferme en l'explication des poëtes. Fasse le ciel que toutes ces connoissances ne luy servent à l'avenir qu'à le rendre bon chrestien, honneste homme et soubmis à suivre les sentimens que je tascheray de luy imprimer toute ma vie!

... « Cependant, mon fils aîné a achevé ses classes; et, comme l'application qu'il a eue pour les lettres, auxquelles il a aussi bien réussi, ne luy permettoit pas de rendre ses connoissances infructueuses, comme il avoit une inclination toute particulière pour les mathématiques et principalement pour l'art des fortifications, il me pria d'agréer qu'il prît le parti des armes.

« Sa résolution m'épouvanta, et je luy représentay tout ce que le mestier de la guerre avoit de rude et de difficile, mais inutilement.

« Le voyant persister dans sa résolution et ne voulant pas de tout poinct forcer les inclinations de mes enfans, je taschay de seconder les siennes... Tout cela me cousta beaucoup; mais je ne m'arrestay point à la despense, et, autant que je le pourray, je contribueray à l'advancement de mes enfans, me privant mesme de mon besoin. » *Livre de raison de J.-B.-Joseph de Sudre,* 1680.

N'est-il pas bon que les enfants sachent plus tard quels sacrifices leurs parents se sont imposés pour leur éducation, et qu'ils apprennent par là à faire de même? Tel doit être un des enseignements du Livre de raison.

Dans celui dont on vient de lire quelques extraits, on voit à quel point ces sacrifices étaient méritoires. Il y avait peu de fortune, rien que des propriétés foncières dont les revenus étaient des plus précaires; et la famille était nombreuse. L'année 1690, par exemple, est mauvaise. Il faut emprunter :

« Mais il ne faut rien mesnager, quand il s'agit de l'éducation de ses enfans... Le bon Dieu me fera la grâce d'espargner l'année suivante, n'ayant pas de plus forte passion que celle de conserver le bien et l'héritage que mon père m'a remis. »

L'année 1691 n'est pas meilleure :

« Jamais année n'a esté plus misérable pour moy, puisque, quelque prévoyance que j'aye, je ne vois pas que je puisse m'empêcher d'emprunter ou de vendre...; mais enfin il faut se conformer à la volonté de Dieu, et, puisqu'il m'a donné une grosse famille, je dois tascher jusqu'au bout de l'élever et de la faire subsister le plus honnestement que je pourray... »

Ce n'est pas en vain que ce père compte sur la Providence. Après l'épreuve vient le succès; Dieu bénit visiblement ses entreprises, et des améliorations agricoles lui donnent dans la suite les moyens de suffire à tout. En 1693, il plante une vigne.

« L'année prochaine je feray, avec l'aide de Dieu, planter les deux autres. Ainsi, nous aurons une fort bonne et jolie vigne, qui sera d'un grand secours dans le mesnage. »

L'histoire des éducations se lie à celle des efforts du père pour y pourvoir; la vie morale de la famille ne se sépare pas de sa vie économique. Nous citons cet exemple, pour bien marquer le caractère propre des Livres de raison; et l'on comprendra de la sorte, d'autant mieux, ce qui sera dit bientôt au sujet de l'administration des biens.

Mme de Lamartine, établie avec son mari à Milly, en Bourgogne, tient son journal dans cette pensée, et elle nous dit quelles privations lui sont plus d'une fois imposées :

2 septembre 1801. — La volonté de Dieu soit faite! Nous avons été hier horriblement maltraités par un grand orage; la grêle a achevé de détruire toutes nos récoltes. J'en suis malade de saisissement et d'inquiétude. Ce malheur nous oblige à bien des retranchements et des privations : tous nos projets d'aller passer les hivers à Mâcon, pour l'éducation de nos filles, sont renversés; nous vendrons probablement notre cheval et notre char-à-bancs. Mais Dieu le veut; cette pensée doit me suffire pour me consoler de tout... Mon mari a eu un bien grand courage; il m'a dit : « *Pourvu que ni toi ni nos enfants ne me soyez enlevés, j'accepte tout; mes biens sont dans vos cœurs...* »

Les familles nombreuses surtout connaissent ces épreuves; mais elles en sont bien dédommagées par l'esprit qui les anime, et qui, se communiquant des parents aux enfants, pénètre ceux-ci d'une ardeur plus grande pour le travail. Charles du Laurens, étudiant à Paris avec son frère Honoré, lui dit : « *Mon frère, pardonnez-moy, s'il vous plaist, ce que je veux vous dire. Vous estes mon aisné, et vous estes plus ignorant que moy en la Faculté que nous estudions. Si vous sçaviez la charge qu'a nostre maison, vous employeriez mieux le temps que vous ne faites, en vous adonnant à la vertu. Nous sommes dix enfans, nos parens n'ont pas de grands moyens; si nous ne nous évertuons, nous serons misérables.* » Et Honoré, faisant son profit de ces remontrances fraternelles, d'écrire à son père : « *Je vous donneray contentement, et à ma mère, en sorte que vous n'aurez subject de vous plaindre de moy... Je me peineray tant que je pourray. En se peinant, on parvient; nul bien sans peine; heureux ceux qui se peinent, car l'oisiveté est mère de tout vice et meschanceté*[1]. »

« Je plaide la cause des riches en prêchant le travail, » a dit de nos jours l'illustre évêque d'Orléans[2]. Et, en effet, l'on ne sait que trop ce que deviennent les situations de naissance et de fortune en apparence les mieux établies, partout où est oubliée cette grande loi divine qui est en même temps une des premières lois sociales. Mais la religion ne doit pas être seule à la rappeler; les pères et mères sont absolument tenus d'en faire sentir la nécessité pratique, et au besoin d'en prescrire l'observation. Ils n'y manquaient pas autrefois; leurs Livres de raison et leurs testaments en offrent des preuves des plus décisives[3]; et l'on peut affirmer,

1 *Une Famille au* XVIe *siècle.*

2 Mgr Dupanloup, *De la haute éducation intellectuelle*, t. III, p. 521.

3 *Les Familles*, t. II, chapitre intitulé : « La jeunesse et le devoir du travail. »

comme un fait sans exception, qu'aucune famille ne s'est maintenue sans cette action du pouvoir paternel.

« Mon père répétait souvent : « *J'aimerais mieux que mes fils fussent cordonniers que d'être sans état,* » écrit un fils qui veut conserver à son foyer les principes dans lesquels il a été élevé.

— « Ne restez pas oisifs, soyez bons à quelque chose. Les gens inoccupés mènent une vie languissante et souvent déplorable. Choisissez une profession selon vos inclinations et vos talens, et pour y réussir, rendez-vous-y habiles. Je vous exhorte de vous y appliquer de toutes vos forces, en considérant que votre fortune en dépend absolument, *et en ne comptant pas sur le bien que je pourrai vous laisser.*

« C'est une source de malheurs que de se reposer sur le bien des parens. Les enfans qui placent là leurs espérances ne prennent pas d'état ou négligent celui qu'ils ont embrassé.

« Pour éviter un tel malheur, faites comme si vous n'espériez rien du tout de votre maison, et agissez comme s'il falloit que vous fissiez vous-mêmes votre fortune. » *Livre de raison d'André Clappier, médecin.* Moustiers, 1740.

Les enfants ne doivent pas compter sur l'héritage! Au XVIe siècle, l'aîné des fils du Laurens s'était servi d'une formule plus énergique encore, en s'adressant à son frère cadet : « *Tout enfant qui se fie au bien de son père ne mérite pas de vivre.* » Quelles maximes! et comme il faudrait aujourd'hui les inscrire en lettres de feu dans la plupart de nos foyers modernes, où les fils surtout sachant, au sortir même du berceau, que, quoi qu'ils fassent, l'héritage paternel leur sera assuré, se dispensent de tout effort et finissent par perdre tout ressort!

Les éducations ne sont pas dirigées seulement en vue de l'utilité personnelle que les enfants doivent en retirer, pour le succès de leur carrière. Elles ont un autre objet également important; elles apprennent et inculquent à la jeunesse le dévouement au pays. Le patriotisme vrai, non moins qu'une religion solide, sont enseignés dans les familles comme créant des devoirs auxquels il n'est pas permis de se soustraire en conscience [1].

En voici quelques exemples. Nous les empruntons à l'ancienne France, et, dès lors, on ne s'étonnera pas d'y voir à quel point le respect du souverain s'identifiait aux sentiments qu'inspirait la patrie.

Lorsqu'un fils venait au monde, il n'était pas rare qu'on écrivît sur les pages du Livre de raison : « *Que Dieu lui accorde la grâce de vivre en parfait chrétien et en bon Français!* »

[1] « Rien de plus commun que les vertus faciles. On est bon fils, bon époux, bon père, bon ami, juge intègre, négociant exact, et l'on est mauvais citoyen. On a souvent les vertus de la famille, et pas une de celles dont l'État a besoin. C'est un piège pour les faibles, qui excusent des crimes publics par les vertus privées. (*Pensées de M. de Bonald.*)

On plaçait en tête du Livre de raison les recommandations les plus expresses à ce sujet :

« C'est le Livre de raison que je laisse à mes enfans, les priant de croire que j'ay faict du mieux que j'ay peu et prétendant leur laisser sur toutes choses la vertu, leur recommandant la crainte et l'amour de Dieu, et de vivre en gens de bien, et de souffrir plutôt mille morts et la perte de tous leurs biens que de manquer au service qu'ils doivent au Roy. Quand on périt pour sa cause, c'est toujours avec honneur et pour satisfaire à son devoir. » *Livre de raison de Henry de Forbin, baron d'Oppède, premier président au Parlement de Provence*, 1655-1671.

— « En la perte de mes enfans, je me console, disait Montluc, en pensant qu'ils sont tous morts en gens de bien, et l'épée à la main pour le service du Roy.

« Le sang de mes enfans qui sont morts pour le service du Roy est bien employé. Dieu me les avoit donnés, ils me les ont pris. J'en ay perdu trois à leur service. Dieu m'en a redonné trois autres; car j'ay du second Blaise, et du dernier Adrian et Blaise. Dieu veuille les conserver pour faire service à leurs Roys et à leur patrie, sans faire honte au nom qu'ils portent; et qu'ils estudient bien mon livre, et qu'ils se mirent dedans ma vie, taschant à surmonter leur ayeul, s'ils peuvent... » *Commentaires de Montluc.*

« — Si tu te préoccupes avant tout de rendre gloire à Dieu, de me combler de satisfaction et d'être utile à la patrie, écrivait un père à son fils, voilà plus qu'il ne t'en faut pour t'encourager au travail. »

Ces mœurs, les femmes les avaient aussi, et elles parlaient de même. Des mères, non contentes d'élever leurs fils dans cet esprit de dévouement au bien public, leur adressaient en mourant des conseils, tout entiers dictés par l'énergie du sentiment religieux et national. « J'ai souvent entendu dire, raconte M. de Tocqueville, que ma grand'mère, qui était une très sainte femme, après avoir recommandé à son jeune fils l'exercice de tous les devoirs de la vie privée, ne manquait point d'ajouter : « *Et puis, mon enfant, n'oubliez jamais qu'un homme se doit avant tout à sa patrie, qu'il n'y a pas de sacrifices qu'il ne doive lui faire, qu'il ne peut rester indifférent à son sort, et que Dieu exige de lui qu'il soit toujours prêt à consacrer au besoin son temps, sa fortune, et même sa vie, au service de l'État et du Roi*[1]. »

Nous ne saurions négliger, en terminant ce chapitre, de mentionner aussi quel honneur les familles ont mis, jusqu'à ce jour, à avoir un de leurs enfants au service de Dieu. Le nombre est grand de celles qui, à chaque génération, donnaient un fils à l'Église, à la paroisse, à un corps religieux enseignant, etc. Il en est chez lesquelles, dans le cours d'un ou de plusieurs siècles, on trouve toute une succession presque non interrompue de prêtres dé-

[1] Lettre à Mme Swetchine, 10 septembre 1856.

voués, exerçant dans leur pays, ou non loin du foyer paternel, un apostolat d'autant plus puissant pour le bien que les populations vénéraient en lui l'union des vertus domestiques et de l'esprit de sacrifice le plus méritoire. Les du Laurens sont encore à citer sous ce rapport. Huit furent docteurs, et, parmi eux, quatre se consacrèrent à Dieu, avec un zèle qui ne se démentit pas jusqu'à la fin de leur glorieux et fécond ministère. Il est vrai qu'il y avait alors au fond des âmes des réserves de foi, et au sein de foyers modèles des principes d'éducation qui suscitaient et soutenaient des vocations si saintes. Nous sommes frappé, d'autre part, de la sagesse avec laquelle la mère de ces quatre apôtres de l'Évangile sut les élever. Elle voulait, disait-elle, en faire de parfaits chrétiens, mais elle entendait qu'ils ne se fissent prêtres ou religieux que de leur propre mouvement. N'y a-t-il pas là autant d'exemples dont les familles chrétiennes de nos jours auraient à tirer profit ? Jamais l'Église ne fut plus délaissée par les classes que leur situation et leurs conditions de fortune ou d'influence appelleraient à remplir une nécessaire mission de relèvement chrétien et social.

Tel pourrait être le journal des éducations. Ces indications suffisent à montrer le véritable charme qui s'y attache, et elles expriment assez quelle serait son utilité pratique.

Mme de Lamartine disait du sien : « Ce journal ne sera pas sans intérêt pour mes enfants; il leur rendra même peut-être quelque service après moi. »

Un de ces services signalés, c'est de mettre au cœur de la jeunesse une reconnaissance qui sera une de ses meilleures sauvegardes, surtout si le père lui est prématurément enlevé; c'est de lui faire sentir tout le prix du *bon trésor* dont elle est redevable à tant de sacrifices. Aussi voyons-nous quelquefois les chefs de famille noter les dépenses que leur avaient causées les éducations. Par là, ils voulaient se rendre un compte exact de ce qu'elles représentaient comme capital, et ils donnaient à leurs enfants l'occasion de faire plus tard un retour sur eux-mêmes et de se demander ce que ce capital était devenu entre leurs mains.

Dans bien des familles, ce journal sera en quelque sorte le pendant des souvenirs contenus dans la biographie des parents. Ce que l'auteur du Livre de raison aura déjà dit, comme fils, de l'éducation reçue de son père et des témoignages de sa sollicitude, il sera conduit à le reproduire ici, comme père, pour ses propres enfants; et ces derniers, lorsqu'ils se marieront et reliront le journal paternel, en ce qui les concerne, seront portés à suivre de si bons exemples.

5° Établissement des enfants.

Vient le moment où les fils prennent une carrière et s'établissent, où les filles se marient. Les parents notent dans leur Livre de raison ces événements, qui constituent les annales du foyer, et ils font pour leurs enfants un peu de ce qu'ils ont déjà fait pour eux-mêmes : ils enregistrent les mariages et les naissances.

Il est vrai que les nouveaux époux auront commencé à leur tour leur Livre domestique particulier; mais un grand-père peut-il ne pas céder à la joie qu'il éprouve en se voyant revivre dans des petits-fils? Autrefois, la formule suivante était souvent employée :

« *Mémoire des naissances des enfans qu'il a plu à Dieu de donner à mon fils.* »

Nous n'insisterons pas sur cette partie, si ce n'est pour signaler les instructions que les parents donnaient quelquefois à leurs enfants, même par écrit, dans des circonstances si solennelles, et avant le mariage. Nous avons publié les avis d'un père [1]; voici comment une mère s'adresse à sa fille :

[1] *La Vie domestique*, t. II, p. 381-393.

« Je vous aime avec trop de tendresse, ma chère enfant, pour demeurer dans le silence, en ce moment d'où va dépendre votre bonheur ou votre malheur pour cette vie et même pour l'autre. Je dois vous faire connaître ce que l'expérience et la réflexion m'ont appris...

« Vos devoirs et la façon de les remplir vis-à-vis de Dieu, de votre mari, de vos enfants, de la société et de vous-mêmes, vont être la matière de ces conseils... »

Les lignes de la fin sont à citer tout entières :

« O mon Dieu ! éclairez cette enfant, que vous avez bien voulu protéger jusqu'à ce jour. Souvenez-vous qu'elle vous a aimé et servi avec ferveur jusqu'à ce moment. Ne l'abandonnez pas à ses propres forces, et soutenez-la dans ces heureux commencements de toute la vôtre. Si la prospérité l'éblouit un instant, faites qu'elle rentre promptement en elle-même, et n'attribuez ces distractions qu'à la légèreté de son âge. Donnez-lui le discernement pour distinguer les conseils des flatteurs, de ceux qui l'aiment véritablement et qui ne cherchent que son bonheur présent et à venir. Faites-lui comprendre qu'elle ne le trouvera que dans la pratique de vos commandements ; donnez-lui du goût pour les méditer et votre grâce pour les pratiquer.

« Exaucez, Seigneur, les prières d'une tendre mère. Soyez touché des larmes qu'elle verse tous les jours, en pensant à sa fille. Si l'excès de sa tendresse la rend coupable à vos yeux, punissez-la seule de se livrer trop à ce sentiment. Donnez à ces conseils, que vous-même lui avez inspirés, la force pour persuader, l'onction pour toucher. Vous savez, Seigneur, si j'ai cherché autre chose que votre gloire et le bonheur de mon enfant, et dans ce petit ouvrage, et dans les soins que j'ai pris de son enfance. Ma propre satisfaction n'y est entrée pour rien. Je n'ai vécu que pour ma fille. Faites que ma fille ne vive que pour vous. Je me trouverai trop récompensée des sacrifices que j'ai faits, si je puis espérer de me voir réunie avec elle, pour vous louer et vous bénir pendant toute l'éternité. » *Avis de Mme Le R... à sa fille, la comtesse de Saint-R.*

6° Principaux événements domestiques.

« Mon père, dit Montaigne dans ses *Essais* (liv. I, chap. XXXIV), avoit cet ordre : c'est qu'outre le registre des négoces du mesnage, où se logent les menus comptes, payements, marchés..., il ordonnoit à celuy de ses gens qui luy servoit à escrire, un papier-journal à insérer toutes les survenances de quelque remarque, et jour par jour les Mémoires de l'histoire de sa maison, très plaisante à veoir quand le temps commence à en effacer la souvenance... : — Quand feut entamée telle besogne, quand achevée; quels trains y ont passé, combien arrestés; — nos voyages, nos absences, mariages, morts, la réception des heureuses ou malencontreuses nouvelles; — changement des serviteurs principaux... Usage ancien que je trouve bon à refreschir, chacun en sa chacusnière, et me trouve un sot d'y avoir failly. »

Le papier-journal dont parle Montaigne devrait être rédigé dans toutes les familles; et ce serait le moyen de ne pas oublier « les survenances de quelque remarque ». On en extrairait ce qui mériterait d'être retenu et conservé.

Rien de mieux que de prendre des notes au jour le jour, comme certaines personnes le pratiquent;

mais ces notes ne peuvent être que des matériaux à utiliser dans une juste mesure; car la surabondance même des détails serait hors de proportion, répétons-le, avec les pages nécessairement limitées du Mémorial domestique. Il convient de réserver, pour ce *Livre d'or* de la famille, tout ce qu'il y a de plus remarquable.

Le ménage a eu déjà son journal, quant aux personnes : notes autobiographiques, mariage de l'auteur du Livre de raison, naissances, éducation et établissement de ses enfants, ont trouvé leur place, leur classement, dans les pages qui précèdent. Les biens vont eux aussi avoir leur article particulier. Il n'y a donc plus qu'à rappeler et à résumer simplement, dans l'ordre chronologique, les quelques événements ayant une certaine importance, qui appartiennent au cadre de la vie domestique et qui constituent ses annales. Mais ici nous ne saurions avoir même la pensée de tenter l'esquisse d'un programme, et il est superflu d'observer qu'il n'y en a point de possible, là où tout est subordonné aux situations, aux circonstances et aux convenances personnelles.

Événements heureux : — Succès d'un fils dans sa carrière; — mariages survenus dans la parenté; — fêtes domestiques célébrées à l'occasion d'anniversaires; — voyages un peu marquants et qui ont laissé des impressions, des souvenirs tout particuliers (nos pères relataient même les pèlerinages qu'ils effectuaient en famille à des sanctuaires vénérés); — date de l'année où l'on a fait faire son portrait, celui de sa femme et de ses enfants, et le nom de l'artiste; — années prospères, etc...

Lorsqu'un bonheur leur arrivait, nos pères en remerciaient Dieu. Le fait est mentionné en peu de lignes, puis on ajoute :

« J'en rends grâces à Dieu, je le prie de m'accorder la grâce d'en faire un bon usage, et que ce soit pour sa gloire et pour mon salut. »

Nous empruntons cette citation au journal domestique et agricole d'un propriétaire vigneron de la Bourgogne, nommé Claude Jannet. Il est tout occupé de la culture de son petit domaine et de ses vendanges, à Demigny (Saône-et-Loire), et rien ne lui advient sans qu'il écrive de semblables réflexions.

Quelquefois, le saint patron de la famille est également nommé, comme veillant sur elle et obtenant de la bonté divine des grâces spéciales dont on se montre reconnaissant :

« J'ay pris pour un de mes protecteurs saint Pierre de Luxembourg. Mon père, qui m'a élevé dans ces sentiments de reconnaissance, avoit avant moy fait de mesme, et je recommande à mes enfans, avec toute l'autorité qu'un père peut avoir sur eux, et surtout à mon héritier, qui, plus que les autres, verra ce Livre de raison, de prendre, comme son grand-père et moy, ce grand saint comme son protecteur et celuy de la famille, luy protestant qu'il ne m'a jamais manqué dans les occasions, et que j'ay visiblement connu que je luy debvois entièrement la réussite de bien des affaires que je luy avois recommandées, et la grâce d'estre échappé de plusieurs dangers. » *Livre de raison de J.-B.-Joseph de Sudre*, Avignon, 1680.

ÉVÉNEMENTS MALHEUREUX : — Accidents, années d'épreuves, maladies, morts. Nous avons dit plus haut que l'auteur du Livre de raison, après avoir tracé la biographie de ses parents, ne devra pas oublier ses frères et sœurs, ses proches et les amis de la famille. Il pourra ici, dans le journal des principaux événements domestiques, enregistrer les dates de leurs morts et leur donner un souvenir.

« Une inaltérable affection m'a attaché à mon frère depuis notre naissance jusqu'à sa mort. Cette mort a été l'un des plus grands malheurs qui pussent m'arriver. Il étoit aimé de tous ceux qui le connoissoient, bon, libéral envers tout le monde et beaucoup charitable envers les pauvres. Tel étoit cet excellent frère; il me sera cher jusqu'à mon dernier soupir, et il doit l'être également à mes enfans. » *Livre de raison de Toussaint M..., marchand de drap*, Aix, 1696-1769.

— « Je ne manqueray jamais de prier Dieu pour le repos de cette chère cousine. J'espère que mes héritiers en feront de même, et c'est ce que je leur recommande; car c'est le moins que nous devions à cette chère parente. » *Livre de raison de J.-B.-Joseph de Sudre*, 1680.

— « Je suis obligé à une grande reconnaissance pour cet oncle bienfaisant, et à prier pour le repos de son

âme. Je puis dire avec vérité que je me suis constamment et journellement acquitté de ce devoir. »
Livre de raison de G.-C. Constantin Baculard, licencié à l'Université de Valence, commencé à Mollans (Dauphiné) le 1er avril 1778.

Quelquefois, des morts subites donnent lieu à d'autres réflexions qui sont écrites à l'adresse des enfants, comme de grandes leçons, pour leur rappeler leurs fins dernières. Un père dit au sujet d'un de ses proches :

« Il a été atteint d'un accident d'apoplexie, le 30 novembre, à l'heure de midi. Il vécut encore trente-six heures, sans donner la moindre marque de connoissance ; il reçut toutefois l'absolution générale. Cet exemple doit apprendre à nos enfans et descendans à ne pas attendre l'heure de la mort pour revenir à Dieu. »

On ne négligeait pas non plus, autrefois, de consacrer quelques lignes du Livre de raison aux serviteurs, quand ceux-ci s'étaient montrés dévoués et fidèles. On mentionnait le nombre d'années qu'ils avaient passé au service de la famille ; on leur laissait souvent une petite pension, et on les recommandait à ses successeurs. Lorsqu'ils mouraient dans la maison, cet événement était également noté.

« Mon fidèle serviteur, Antoine Daumas, qui comptait vingt ans de loyaux services dans la maison, vient d'être frappé à la fleur de l'âge d'une fluxion de poitrine, qui l'a mis en trois jours au tombeau. Il a reçu nos soins empressés, et il a rendu son âme à Dieu dans notre maison même. Ses dernières paroles ont été des paroles obligeantes pour nous, le dernier témoignage d'une probité exemplaire. Nous avons prié pour lui. Son souvenir demeurera consigné dans ce Livre de raison, où doivent trouver place tous ceux qui ont servi avec exactitude et vigilance les intérêts de notre famille... »

Les serviteurs ne peuvent se dévouer à la famille que lorsqu'ils sont assurés d'y trouver protection et affection, en retour de leur fidélité. Il en a été ainsi partout et toujours. Les païens eux-mêmes nous ont laissé là-dessus des maximes, dont l'application est aussi actuelle que possible. Sénèque répondait à ceux qui disent : *Autant de valets, autant d'ennemis* : — « Ils ne sont pas nos ennemis, mais nous faisons qu'ils deviennent tels. Nous ne considérons pas que les anciens, pour retrancher tout sujet de haine contre les maîtres et de mépris envers les serviteurs, ont appelé les maîtres *pères de famille* et les serviteurs *domestiques* [1]. » Mais il faut lire sur ce sujet les Livres saints : — « *Si Dieu t'a donné un serviteur fidèle, qu'il te soit cher comme ton âme ; traite-le comme ton frère, pense que tu l'as introduit dans le sang de ton âme* [2]. » Telles étaient les vieilles mœurs ;

[1] Lettre XLVII : *Clementer habendos esse servos.*
[2] Eccli. XXXIII, 31.

elles semblent perdues pour nous; et cependant, si nous savions rechercher les modèles, nous en rencontrerions encore qui rappellent les plus beaux temps des siècles chrétiens. Oui, malgré l'état de rupture qui remplace, entre maîtres et domestiques, les rapports affectueux d'autrefois, il y a des foyers où s'écrivent des pages exquises, telle que celles-ci :

« Partie à dix-sept ans de son village, Nanette arriva à Paris pour entrer bientôt sous le toit de ma mère, alors âgée elle-même de dix-sept ans.

« C'était la bénédiction de Dieu qui tombait sur la famille, l'étoile bienfaisante qui se levait pour nous.

« Pendant cinquante-deux ans, elle a rempli ses devoirs avec une fidélité et un dévouement tels que je ne sais pas si, devant Dieu, elle a eu à rendre compte de la plus petite défaillance dans leur accomplissement.

« La fidélité et l'exactitude dans les devoirs sont sans doute tout ce que Dieu demande rigoureusement au serviteur ; mais, lorsque le serviteur vient à aimer ses maîtres plus que lui-même, lorsque les enfants de ses maîtres deviennent ses propres enfants, alors il atteint l'héroïsme du dévouement, et, selon l'énergique expression de l'Ecclésiastique, il *s'introduit dans le sang de la famille.*

« Telle a été Nanette vis-à-vis de mon père et de ma mère ; telle a été Nanette au berceau des dix-neuf enfants ou petits-enfants qu'elle a tous élevés, qu'elle a tous aimés ! Elle a endormi toutes nos douleurs, essuyé toutes nos larmes, soulagé toutes nos souffrances...

« Nanette ne savait ni lire ni écrire. Mais Dieu avait doué cette âme d'élite d'un jugement et d'un bon sens qui la faisaient respecter, chérir de ses égaux, et pénétrer dans les conseils de ses maîtres. Elle disait toujours qu'elle était une pauvre fille ignorante; et cependant, quel sens droit! quel tact exquis! quelle grande intelligence! quelle discrétion!

« Avec quelle prudence, et en même temps quelle fermeté, Nanette s'appliquait à diriger ses chers petits enfants! Elle savait saisir les nuances si variables de leurs jeunes caractères et les plier avec une douceur et une dextérité pleines de tendresse.

« Ceux d'entre nous qui ont survécu sentirent toujours dans leur âme l'empreinte de cette main délicate. — Ceux, hélas! qui se sont endormis dans ses bras pour toujours ont été tresser dans le ciel la couronne qu'elle vient de cueillir...

« Tant de soins épuisèrent les forces de Nanette. Elle dut renoncer à un service actif; mais elle demeura dans la famille comme un de ses membres les plus chers et les plus vénérés. Hélas! mon père et ma mère nous furent ravis, et Nanette resta vraiment mère au milieu de nous, ses enfants par le cœur et la reconnaissance.

« Un jour, ses chers enfants voulurent célébrer la cinquantaine de ses services, et de tous les points ils accoururent se grouper autour d'elle, au pied des autels.... Chacun voulut lui offrir son présent.

Les plus petits enfants élevèrent dans les airs dix-neuf petits ballons, qui simulaient les âmes des enfants qu'elle avait élevés. Le soir, elle s'assit à la table de famille, au milieu de la joie de tous, et la fête se termina par un feu d'artifice qui rappelait, par ses figures, le dévouement du fidèle serviteur... »

Ah! qui nous rendra de bons et honnêtes serviteurs! Mais, si leur nombre diminue de jour en jour, où en est la cause? sinon dans le renversement des conditions d'existence de la famille. On ne peut plus s'attacher à un foyer qui est sans avenir. Quel exemple pour nous, encore, que la simple mention du fait suivant! Nous l'empruntons au journal de Mme de Lamartine.

« 5 septembre 1802. — Nous venons d'établir chez nous la prière en commun : c'est un usage bien touchant et bien utile, si l'on veut que sa maison soit, suivant l'expression de l'Écriture, une maison de frères. Rien ne relève autant l'esprit des serviteurs que cette communion quotidienne avec leurs maîtres par la prière, et par l'humiliation devant Dieu qui ne connaît ni grands ni petits. Cela est bon aussi pour les maîtres, qui sont ainsi rappelés à l'égalité chrétienne avec leurs inférieurs selon le monde; et cela accoutume les enfants à penser à leur vrai père, qu'ils ne voient pas, mais à qui l'on s'adresse ainsi avec respect et avec confiance. »

Mme de Lamartine considérait l'établissement d'une si excellente pratique comme un événement d'une réelle importance.

Ajoutons que nos pères mentionnaient aussi dans leurs Livres de raison la date de leur entrée dans une association religieuse et les fondations charitables qu'ils avaient faites. Ce sont là autant de traits essentiels de la vie et des annales domestiques, et ils se recommandent à notre imitation.

II

LES BIENS

1° État des biens.

Il ne saurait être question de faire du Mémorial domestique, dont nous traçons l'esquisse, un livre d'affaires proprement dit. Ce n'est pas pour cela qu'il doit être tenu; et, du reste, voudrait-on l'employer à cet usage, qu'on serait de suite arrêté par une impossibilité matérielle, le défaut d'espace.

La méthode qui a de tout temps existé, à cet égard, s'impose encore aujourd'hui d'elle-même. Elle consiste à avoir des registres répondant aux divers genres d'intérêt : 1° un « Livre terrier », pour la conservation des titres de propriété, actes d'achat, de vente ou d'échange, baux, etc...; — 2° un « Livre de comptabilité agricole », pour les règlements avec les fermiers et métayers; — 3° et enfin, pour les affaires courantes, « le Journal des recettes et des dépenses. »

Mais, lors même que les familles auraient tous ces éléments d'une bonne administration, il ne leur sera pas moins utile de dresser un état de leurs biens immobiliers et mobiliers, avec quelques explications très sommaires. Or, c'est à cela que seraient consacrées quelques pages du Livre de raison.

Nos pères le pratiquaient ainsi, et les formules dont ils se servaient sont l'expression de la sagesse qui présidait au gouvernement de leurs maisons.

« Ce Livre contient la généalogie de ma famille, depuis son établissement à Mollans au xve siècle; — la notice des heureux événemens qui l'ont soutenue et de ceux qui semblent annoncer son agrandissement; — la note des capitaux qui me restent, tant du chef paternel que maternel, de ceux que j'ai acquis par mon mariage, *et finalement de ceux que je ferai moi-même*, si l'état de mes affaires peut le permettre; — la description des immeubles que je possède, celle des acquisitions ou des réparations que je serai dans le cas d'y ajouter, et généralement tout ce que je croirai nécessaire à mes descendans.

« Je leur recommande le soin de leurs affaires, mais plus fortement encore la crainte de Dieu et le soin de leur salut. » *Livre de raison de G.-C. Constantin Baculard, commencé à Mollans (Dauphiné), le 1er avril 1778.*

Ces lignes ne résument-elles pas tout un programme, tout le fond de l'économie domestique? et leur conclusion ne traduit-elle pas, avec une lumineuse simplicité, les grands principes où les familles trouvent leur point d'appui et leur règle? Celui qui les traçait entrait en ménage, et déjà il voulait se constituer une épargne.

L'épargne est notée dans le Livre de raison; nous en avons cité ailleurs des exemples remarquables, empruntés à des budgets dressés avec la plus grande régularité[1].

Un avocat général au Parlement de Provence écrit de même :

« État des biens que je possède de la bonté de Dieu et que feu M. le conseiller de Thomassin m'a laissés en mourant *et de ceux que je pourrai acquérir durant ma vie...* »

Les biens que l'on désigne ainsi, comme les tenant plus particulièrement de la bonté de Dieu, sont ceux dont on a hérité gratuitement de ses parents. Pourquoi est-on né riche ou dans l'aisance, lorsque tant d'autres n'ont eu en partage que la pauvreté? Comment un tel privilège, conféré par l'hérédité, se justifierait-il, s'il n'était accompagné de grands devoirs?

Le premier devoir est de ne pas en mésuser; la Providence ne nous les donne pas pour que nous les

[1] *Les Familles*, t. II, liv. III, chap. I : « le Mariage et l'Épargne domestique. »

fassions servir exclusivement à nos plaisirs et à la satisfaction de notre égoïsme. Les fruits du travail, des vertus et de l'épargne des aïeux, ne peuvent et ne doivent pas être dissipés.

« Mes bons amis, dit Antoine de Courtois à ses enfants, nous n'avons que la jouissance de nos biens, nous ne pouvons en consommer que les fruits. Nos biens sont entre nos mains *pour que nous travaillions sans cesse à les améliorer*, et ensuite pour que nous les transmettions après nous à ceux qui nous suivront dans la carrière de la vie.

« Celui qui dissipe son patrimoine commet un vol horrible : il trahit la confiance de ses pères, il déshérite ses enfants ; il eût mieux valu pour lui et pour toute sa race qu'il ne fût jamais né.

« Tremblez donc de manger le bien de vos enfants et de couvrir votre nom d'opprobre [1]. »

Tel est encore un des enseignements que nous donnent les Livres de raison : on est tenu d'améliorer ses biens. Les peuples religieux ne sont pas, comme on a osé le dire, des peuples fainéants. Les familles vraiment chrétiennes, parce qu'elles mettent avant tout le salut éternel, ne négligent point pour cela les choses temporelles. Loin de là ; les textes, les chiffres et les faits, à la fois les plus précis et les plus concordants, nous montrent chez elles la grande

[1] *La Vie domestique*, t. I, p. 223-224.

loi du travail pratiquée avec une extrême énergie, l'ordre et l'épargne constituant les fortunes, la sagesse et la prudence assurant leur conservation, en un mot, un progrès d'autant plus soutenu et intense que les pères s'appliquent à justifier par leurs exemples, aux yeux de leurs enfants, la vérité de cette parole de Jésus-Christ : « *Cherchez le royaume de Dieu et sa justice, et le reste vous sera donné par surcroît.* » Saint François de Sales a écrit là-dessus une page admirable : — « Ayez beaucoup plus de soin de rendre vos biens utiles et fructueux que les mondains n'en ont. Dites-moy, les jardiniers des grands princes ne sont-ils pas plus curieux et plus diligens à cultiver et embellir les jardins qu'ils ont en charge que s'ils leur appartenoient en propriété? Mais pourquoy cela? Parce, sans doute, qu'ils considèrent ces jardins-là comme jardins des princes et des roys, auxquels ils désirent de se rendre agréables par ces services... Les possessions que nous avons ne sont pas nostres; Dieu nous les a données à cultiver, et veut que nous les rendions fructueuses et utiles; et, partant, nous luy faisons service agréable d'en avoir soin. Mais il faut que ce soit un soin plus grand et plus solide que celuy que les mondains ont de leurs biens; car ils ne s'embesoignent que pour l'amour d'eux-mêmes, et nous devons travailler pour l'amour de Dieu[1]... »

Ne soyons donc pas surpris de voir les Livres de raison les mieux tenus dans les familles les plus

[1] *Introduction à la vie dévote*, IIIe partie, chap. xv.

fidèles à Dieu et à sa loi, et d'y lire des réflexions telles que celles-ci :

« Grâces au Seigneur, et pour sa toute-puissance, mes biens prospèrent toujours. Ma famille s'illustre chaque jour davantage, et le comble de ses bienfaits est que je me sens sans cesse porté à vivre en honnête homme. Ç'a été de tout temps l'apanage de notre famille : *Fortes creantur fortibus.*

« Ce sont des exemples que j'exhorte tous ceux qui viendront après moi de suivre. Il vaut mieux une bonne réputation que dix mille livres de revenus de plus. J'ay le plaisir d'entendre louer tous les jours la vertu, la probité et l'intégrité de mon père. On le pleura dans chaque famille, comme s'il en eût été le chef. Tous mes ancêtres l'avoient été de même, parce qu'ils avoient tous marché dans la voye de la vertu.

« Ils étoient fort charitables envers les pauvres. Je vous recommande la pratique de cette vertu. Elle est un devoir que Dieu nous impose, en nous donnant beaucoup de bien, et on en reçoit la récompense dans ce monde-cy même. C'est aux aumosnes, que l'on a toujours faites dans la maison, que j'attribue les grâces que le Dieu de miséricorde répand sur elle, soit le bien qu'il nous procure. » *Livre de raison de Pierre-César de Cadenet de Charleval, commencé en 1728 et continué par son fils en 1763.*

Le chancelier d'Aguesseau nous dit également de son père :

« Ainsi vivra toujours par sa réputation ce nouvel Abraham, à qui il semblait que Dieu eût dit, comme à ce saint patriarche : « *Je suis le Tout-Puissant. Marchez devant moi et soyez parfait. Ne craignez rien, je suis votre protecteur, et je serai votre récompense infinie.* » Il avait toujours marché devant Dieu; et, pendant qu'il ne pensait qu'à devenir parfait, Dieu prenait soin de le rendre heureux, accomplissant pour lui les promesses de l'ancien et du nouveau Testament, comme pour nous montrer en sa personne *que la piété, également utile pour la vie présente et pour la vie future, reçoit souvent, dans les récompenses mêmes de ce monde, un gage des récompenses plus solides que Dieu lui prépare dans l'autre.*

« Toute sa vie, en effet, ne fut presque qu'une longue suite de cette espèce de prospérité qu'on peut appeler félicité temporelle des prédestinés, parce que, sans éblouir l'esprit, sans corrompre le cœur, elle les remplit de cette joie pure et raisonnable qui fait le bonheur du sage et du chrétien. »

Ces textes, et beaucoup d'autres qui sont consignés dans les Livres de raison, nous rendent sensibles et réalisent sous nos yeux les tableaux de félicité domestique tracés par les Livres saints. Ils nous font toucher du doigt la vérité, non seulement religieuse, mais sociale, des beaux versets du psaume CXI que l'Église met, chaque dimanche, sur les lèvres des chrétiens, pour en inculquer la notion et l'observation au plus profond de leur cœur : — « *Heu-*

reux l'homme qui craint le Seigneur et qui se complaît dans la pratique de sa loi! — Sa postérité sera puissante sur la terre, la race des justes sera bénie. — La gloire et les richesses seront dans sa maison, etc.[1]. »

Ceci nous conduit à indiquer quelle est la loi du progrès, et sur quels fondements repose l'ordre établi comme la condition suprême de la vie heureuse en ce monde.

Jeanne du Laurens l'exprimait avec une admirable netteté, au XVIe siècle, en racontant d'où étaient venus les succès de ses huit frères : « Mes père et mère disoient : *Il n'y a que de marcher par les grands chemins des commandemens de Dieu, et Dieu nous mandera ce qui nous sera nécessaire. — Employez bien vostre temps, vivons vertueusement, et ayons ensuite de ce confiance en Dieu...* » Quelles belles maximes! et comme elles traduisent la sève énergique qui fait fructifier le travail chez les bonnes races! Lorsqu'on va au fond des choses, on reconnait qu'en elles est toujours le grand ressort. En fait, malgré notre désorganisation actuelle, malgré les nouvelles théories qui placent le stimulant et le but du progrès dans la satisfaction des appétits matériels, aujourd'hui comme autrefois rien ne se fonde de durable, rien ne subsiste avec honneur que par l'action des éternels principes du bien.

Nous ne disons pas que toutes les familles, parce

[1] V. le troisième psaume des Vêpres du dimanche, qui commence ainsi : *Beatus vir.*

qu'elles sont vertueuses, doivent avoir et aient également en partage l'abondance des biens terrestres; et il est manifeste que trop souvent les maladies, les morts, des accidents imprévus, les vicissitudes des temps, ont mis et mettent les meilleures à de dures épreuves. Mais, forts des témoignages on ne peut plus probants et décisifs qui nous sont fournis par l'histoire des foyers modèles, nous affirmons que, toujours et partout, la plus grande somme de bonheur, de biens réels et solides, a été possédée *d'une manière stable* par les familles qui ont marché dans la voie tracée par Dieu lui-même[1]; que ces familles seules, après s'être élevées à la prospérité par le travail et l'épargne, ont réussi, par la vertu et par la puissance d'éducations sérieusement chrétiennes, à triompher des vices et des causes fatales de chute que cette prospérité acquise ne tarde pas à provoquer.

Cette voie tracée par Dieu, il importe de la connaître; il faut l'étudier, s'en rendre un compte exact et la suivre. C'est pour les parents un devoir religieux du premier ordre, en même temps qu'une nécessité absolue de conservation.

Combien de familles de nos jours sont hors de cette voie, et vont à la perdition, sans en avoir conscience! On peut dire d'une manière générale que

[1] « Le plus grand bonheur temporel n'est nullement promis à l'homme vertueux, mais à la vertu. Il suffit, pour que l'ordre soit visible en ce monde, que la plus grande masse de bonheur soit dévolue à la plus grande masse de vertus en général. » (De Maistre, *Soirées de Saint-Pétersbourg*, 8e Entretien.)

toutes celles qui désertent leur maison paternelle, leur pays, le siège de leurs affaires, pour aller jouir de leur fortune à Paris ou dans les grandes villes, s'exposent à de graves périls, et que souvent les plus chrétiennes y succombent. Il n'est presque pas besoin de signaler quelles en sont les conséquences au point de vue des mœurs; d'autres dangers menacent ces familles, et ils ne sont pas moins redoutables. Des besoins immodérés de luxe créent chez elles des appétits jusqu'alors inconnus et leur font rechercher les placements à gros intérêts, et par cela même aléatoires. L'esprit de cupidité finit par les envahir; l'agiotage s'empare d'elles; elles sont portées de plus en plus à regarder la terre, la propriété foncière, comme une charge insupportable, et à s'en débarrasser. Leur fortune se trouve ainsi transformée en valeurs de bourse, c'est-à-dire dans tout ce qu'il y a de plus instable. Combien de ruines matérielles et morales sont résultées de telles erreurs !

Notre pensée n'est pas ici de proscrire les valeurs de bourse. Nous nous attaquons au mauvais usage qu'on en fait et à la fièvre de spéculation toujours plus dévorante qu'elles produisent, à l'exclusion de tout sentiment élevé.

Terminons sur cet article en disant que l'inventaire, après avoir marqué la distinction entre les biens recueillis par héritage et les biens acquis, devra être suivi de détails plus particuliers : 1° SUR LA MAISON PATERNELLE; 2° SUR LA TERRE DE FAMILLE.

—

2° La maison paternelle.

Si l'on a le privilège (chose de plus en plus rare aujourd'hui) d'avoir un foyer qui soit ancien dans la famille, ou même si l'on en a simplement un que recommande aux affections une longue habitation, le Livre de raison doit le mentionner à part.

A-t-on à parler de la maison où l'on est né, et à la conservation de laquelle on veut intéresser ses enfants? On rappellera SON ORIGINE, ET, S'IL Y A LIEU, LE NOM DE L'ANCÊTRE QUI L'A CONSTRUITE OU ACQUISE; on dira COMMENT ELLE A ÉTÉ SUCCESSIVEMENT RÉPARÉE, EMBELLIE, ET LES AMÉNAGEMENTS NOUVEAUX QUI ONT PERMIS A LA FAMILLE DE MIEUX S'Y ÉTABLIR. Quelques pages seront réservées pour LES MEUBLES AUXQUELS L'ON TIENT TOUT PARTICULIÈREMENT, POUR LES PORTRAITS DES PARENTS ET DES AÏEUX, POUR LES MANUSCRITS ET LIVRES PRÉCIEUX, EN UN MOT, POUR LES DIVERS OBJETS AUXQUELS SONT ATTACHÉS DES SOUVENIRS.

Le jour est venu où les gens de bien doivent réagir énergiquement contre le matérialisme du siècle, qui détruit un des éléments essentiels de la vie domestique.

Le foyer a eu chez tous les peuples un nom consacré, il a toujours eu un titre particulier à la vénération des hommes : *c'est la maison paternelle;* et ce titre ne lui a été donné que parce que la paternité doit y avoir son siège permanent et durable.

Voyez les païens : ils ont perdu l'idée du vrai Dieu, ils sont plongés dans d'épaisses ténèbres morales; mais le respect du foyer les sauve d'une dissolution qui sans lui eût été l'anéantissement de la famille. Ils vont jusqu'à en faire une religion. Le foyer, pour eux, ce sont les dieux lares, c'est la conservation du culte dû aux ancêtres, c'est la famille rendue immortelle au point que, dans le principe, la propriété de l'habitation était imprescriptible, inaliénable. Le feu qui y est entretenu n'est pas comme l'élément physique « qui échauffe et qui brûle, qui transforme les corps, fond les métaux et sert d'instrument à l'industrie humaine »; c'est un feu divin, il est descendu du ciel, et on l'invoque pour obtenir la pureté de l'âme[1]. « *Rends-nous florissants, ô foyer, rends-nous aussi sages et chastes,* » est-il dit dans un hymne orphique. Cicéron exprime en termes émus la douce quiétude qu'il goûte à Arpinum : « *Ici est ma vraie patrie et celle de mon frère Quintus; ici, nous sommes nés d'une très ancienne famille; ici sont nos sacrifices, nos parents, de nombreux monuments de nos aïeux. Que vous dirai-je? Vous voyez cette maison et ce qu'elle est aujourd'hui : elle a été ainsi agrandie par mon père. Enfin sachez que*

[1] Fustel de Coulanges, *La Cité antique;* Paris, Durand, 1864, p. 29.

je suis né en ce lieu, mais du vivant de mon aïeul, du temps que, selon les anciennes mœurs, la maison était petite comme celle de Curius, dans le pays des Sabins. Aussi, je ne sais quel charme s'y trouve qui touche mon cœur et mes sens[1]. »

L'idolâtrie s'est emparée d'un des sentiments les plus profonds de la nature humaine, pour en faire l'objet d'un culte; mais elle est impuissante à rendre pur le cœur de l'homme, et elle finit par le jeter dans une effroyable corruption. Les sociétés chrétiennes sont nées d'un souffle absolument nouveau, dont le point de départ a été la divine maison de Nazareth; et des races également nouvelles, pénétrées de l'esprit de l'Évangile, constituent des foyers qui mériteront d'être justement appelés saints et immortels.

Toute l'économie et toutes les traditions domestiques ont eu, en effet, dans le respect du foyer leur solide fondement. Les coutumes observées à l'occasion des mariages, des naissances, des morts, des baptêmes, des fêtes de l'Église, se perpétuaient sous son abri. Les parents y élevaient les enfants dans l'amour et la crainte de Dieu, et leur enseignaient à suivre les traces de leurs devanciers. Ils y récitaient avec eux, et entourés de leurs serviteurs, la prière du soir, et, avant de mourir, ils y bénissaient leur famille.

Le foyer était la pierre angulaire de la société, non seulement dans la famille, mais dans l'atelier, dans

[1] *De Legib.*, II, 1.

la commune, dans la paroisse; il était un centre d'action pour les œuvres de foi, il soutenait par son principe de fixité et ses trésors de dévouement les confréries, les corporations et les innombrables associations vouées au service de Dieu et des pauvres.

Enfin, dans lui se trouvait le point d'appui de l'idée de patrie. N'en offrait-il pas en petit l'image? et n'en représentait-il pas, non seulement les éléments matériels d'existence, mais les forces morales, le cœur et l'âme elle-même? De son sein, aux jours de danger, sortaient des hommes sachant affronter la mort, parce qu'ils avaient appris de bonne heure à bien vivre, c'est-à-dire à mettre au-dessus de tout Dieu et le devoir.

La maison paternelle, où se formaient des générations d'honnêtes gens, avec sa stabilité, son esprit d'union, a été toute une grande institution chrétienne et sociale. Les Livres de raison et les testaments nous montrent des familles de gentilshommes, de bourgeois, d'artisans, d'ouvriers même, gardant religieusement leur demeure patrimoniale pendant plusieurs siècles [1]. Au sein de ces familles, les enfants étaient élevés dans la pensée qu'après la mort des parents cet asile de paix, ce lieu consacré par tant de vertus et de souvenirs, ne pouvait pas être vendu sans crime. Un d'entre eux était tenu de s'en charger, d'y recevoir ses frères et sœurs, jusqu'à ce qu'ils fussent établis, et de leur y réserver un gîte, en cas de besoin.

[1] *Les Familles*, t. I, liv. II, chap. I : « Le Foyer et la Tradition. »

Le père écrit dans son Livre de raison des recommandations expresses, telles que celle-ci :

« Chacun de vous est tenu de soutenir le toit paternel ; chacun de vous doit regarder ce toit avec respect et doit conserver l'espoir et les moyens d'y trouver un jour un asile. » *Livre de raison d'Antoine de Courtois.*

Nos lois mettent sans doute des obstacles à la renaissance complète de telles mœurs ; et il est impossible de ne pas déplorer un régime qui aboutit à faire de nos habitations modernes de véritables hôtelleries, qui les transforme en des capitaux où les locataires sont traités et se renouvellent comme des valeurs de bourse, et condamne fatalement les plus petits, surtout dans les villes, à ne plus avoir de foyer et à mener une vie nomade.

Mais il dépend de nous d'atténuer, dans une certaine mesure, les extrêmes conséquences d'un tel ordre de choses ou plutôt d'un tel désordre ; et les Livres de raison peuvent y concourir...

Quant aux familles chez lesquelles la maison paternelle n'existe plus, et qui sont dépourvues de cet élément si précieux de fixité morale et matérielle, il y aurait là pour elles le point de départ d'une réforme qui leur préparerait un meilleur avenir.

3° La terre de famille.

Un certain nombre de pages seront également réservées à la terre patrimoniale. On y retracera courtement son histoire, on dira DEPUIS COMBIEN DE TEMPS ELLE EST DANS LA FAMILLE [1], LES ACCROISSEMENTS OU AMÉLIORATIONS DONT ELLE A ÉTÉ L'OBJET, LA MOYENNE DE SON RENDEMENT DANS UNE PÉRIODE DÉTERMINÉE ; ON MARQUERA A SON SUJET, ET EN SUBSTANCE, TOUT CE QU'IL Y A D'IMPORTANT ET TOUT CE QUI DOIT LA RENDRE CHÈRE AUX ENFANTS.

Nous avons dit que le Livre de raison ne saurait prendre la place du Livre terrier ou du Livre de comptabilité; mais il peut rendre de grands services, sur quelques points essentiels, EN OFFRANT DES RENVOIS A CES LIVRES OU AUX LIASSES DANS LESQUELLES

[1] Le descendant d'une très ancienne famille nous disait naguère sur ce sujet : « Je possède une terre qui, de temps immémorial et au moins depuis le XIIe siècle, s'est toujours transmise par héritage, et n'a été l'objet d'aucune vente. La connaissance exacte de ce fait si remarquable s'est jusqu'à présent conservée à mon foyer; mais, vu l'état de nos mœurs et de nos lois, je sens la nécessité de le consigner dans un Livre de raison, que je laisserai à mes enfants. Sans cela, mes successeurs oublieront ce qui doit leur inspirer un profond attachement à la terre des ancêtres, et leur imposer le devoir de s'unir pour la conserver. »

SONT CLASSÉS LES ACTES D'ACHAT, DE VENTE OU D'ÉCHANGE; LES TITRES RELATIFS AUX BORNES ET LIMITES, AUX DROITS, CHARGES ET SERVITUDES, DONT LA CONNAISSANCE PEUT PRÉVENIR LES PROCÈS DE VOISINAGE; ENFIN LES BAUX ET CONVENTIONS.

Nos pères nous ont laissé à cet égard des preuves sensibles de leurs habitudes d'ordre; ils nous instruisent sur les premières conditions de toute bonne administration.

En voici un exemple qui date de quatre siècles. Nous l'empruntons à l'histoire d'une famille qui a subsisté dans le même pays, et avec les mêmes mœurs, depuis 1250 jusqu'à nos jours, c'est-à-dire pendant six cents ans.

Jaume Deydier, bourgeois agriculteur, faisant valoir ses terres à Ollioules, près Toulon, écrit en 1477: « *Estrumens dels bens que teni à Olioll, losquals antiquamen eron de mon payre* (titres de propriété des biens que je possède à Ollioules, lesquels anciennement étaient de mon père). » Le 5 mars 1490, il y entreprend des constructions, et il en note brièvement le coût; il veut en faire une grande exploitation agricole. « *Antiquamen era nostra,* » répète-t-il avec une satisfaction légitime. En 1521, arrivé à la vieillesse, il dresse un mémoire destiné à conserver le souvenir de son œuvre: « *Memoria als successors de mi Jaume Deydier, expressamen à Jacques, mon très obeyssent filh.* » Jacques, fils très obéissant, héritier associé du père, doit savoir ce qu'a été le travail paternel, pour en tirer tous les avantages possibles, et le continuer, s'il y a lieu.

Dans des temps plus rapprochés de nous, un autre exécute tout un ensemble de travaux pour l'irrigation de son domaine; il en fait mention en quelques lignes :

« Je n'ay fait, écrit-il en 1750, que continuer le dessein de feu mon grand-père, lequel avoit commencé cet ouvrage en 1632. »

Il raconte comment s'est créée peu à peu sa terre patrimoniale, et il ajoute :

« Tous mes ancestres ont travaillé, je ne sais combien, à en acquérir les parcelles. Je ne détruiray pas leur ouvrage. »

Il est des faits qu'il est très utile de constater, parce qu'ils peuvent épargner dans l'avenir bien des entreprises et dépenses inconsidérées. Un père de famille a vu, en 1729, un très grand froid tuer tous les oliviers dans le fond des vallées.

« Je ne conseille pas à mes héritiers d'en planter plus bas que ceux qui y sont actuellement; car j'ay expérimenté qu'ils meurent, dès qu'ils seroient en état de porter des fruits. Je les ay vus mourir quatre fois dans moins de trente ans. Il n'y a qu'à prendre soin de ceux qui sont sur la hauteur et qui ne sont pas si exposés. »

Quelle sagesse consommée Antoine de Courtois

ne met-il pas dans les conseils qu'il donne à ses enfants sur le meilleur mode d'exploitation des diverses parties de son domaine, sur les réformes dont l'expérience lui a enseigné l'emploi dans l'intérêt d'une bonne culture[1] ! Il prend la peine de résumer, en quelques aperçus, la moyenne des récoltes et produits qu'il en a retirés dans une période de dix ans.

Les observations que nous avons déjà présentées, au sujet de l'habitation où est fixé le ménage, s'appliquent, on le voit, avec un degré de plus d'intérêt, au sol qui le nourrit. La famille n'est pas chose abstraite : pour être en état de vivre et de prospérer, elle a besoin de stabilité. C'est dans la terre, disait-on autrefois, que sont pour elle les trésors durables, ceux qui sont à l'abri des vicissitudes ou des risques qui frappent trop souvent les capitaux mobiliers ; c'est la terre seule aussi qui lui assure la dignité et l'indépendance.

Un père s'accuse dans son Livre domestique d'avoir trop oublié cette vérité ; mais il fonde les plus grandes espérances sur son fils, dont l'éducation vient de se terminer, et qui se distingue déjà par une raison précoce.

« Dieu me comble de joie et de consolations, dit-il. Je vois clairement que la Providence protège ma famille d'une manière particulière; mais je regrette d'avoir peu profité des secours qu'elle m'a envoyés dans le temps, par feu mon oncle..., et de n'avoir

[1] *La Vie domestique*, t. 1, p. 195 et suiv.

pas suivi son conseil de fonder ma fortune en biens-fonds. Mon fils fera un meilleur usage de ses faveurs, et je conviens qu'il les mérite mieux que moi. J'admire ses talents et sa belle conduite, et je bénis Dieu de m'avoir donné un tel fils. »

Un propriétaire de la haute Provence met le doigt sur une des plaies de l'agriculture, et, à la manière dont il en parle, on juge bien que le morcellement parcellaire était déjà excessif de son temps. Que n'aurait-il pas à en dire aujourd'hui? Nous sommes frappé de trouver, dans des papiers domestiques qui datent d'un siècle, des observations telles que celles-ci :

« Rien n'est moins avantageux à un père de famille que d'avoir des terres détachées les unes des autres, comme terres à blé, prés, vignes, etc. En définitive, et toutes déductions faites, les revenus en sont fort modiques. Si vous avez de l'argent, mieux vaut l'employer à l'achat de quelque bastide (terre agglomérée, avec bâtiment d'exploitation)...

« Quand on a beaucoup de biens-fonds un peu partout, on est sans cesse dans la peine. Pour les faire cultiver, on a besoin de journaliers, ce qui n'est pas toujours facile; et ces paysans lassent énormément le propriétaire par leur peu de raison et de discrétion.

« Il est très préférable d'avoir une propriété d'une moins grande étendue et dont le fonds soit bon. Ayez-en bien soin; vous vivrez plus contens, et vous avancerez mieux vos affaires. Ce que je vous dis est fondé sur ma propre expérience et sur celle que j'ai vu faire à beaucoup. En général, les propriétaires qui possèdent le plus de biens disséminés sont ceux qui prospèrent le moins. »

Ces enseignements et éléments de progrès, dont les Livres de raison d'autrefois étaient les dépositaires, se recommandent donc d'eux-mêmes à l'imitation de nos familles modernes. Il suffirait aujourd'hui de résumer en peu de mots ce qui, dans l'ancienne coutume, était la matière très développée de longs et minutieux détails. Mais, en supposant même qu'on ne sorte pas de ce cadre, nous ne pouvons dissimuler tous les obstacles qui s'élèvent contre la mise en pratique des principes offerts par de si beaux et si bons exemples. Un fait, sur lequel il serait superflu d'insister, n'est que trop évident : le sol, lui aussi, est devenu instable, la propriété elle-même s'ébranle. Qui peut se promettre aujourd'hui, non seulement de fonder quoi que ce soit de durable, mais de laisser une famille unie après sa mort ? Ce n'est pas le lieu de signaler les causes de tels désordres; elles remontent plus haut que les défaillances individuelles.

Nos pères administraient leur héritage en souverains, et ils le réglaient en législateurs, au nom de Dieu, pour garder la paix entre leurs enfants. Ils se préoccupaient de l'avenir du domaine transmis par les ancêtres, et où leur race était solidement implantée; ils s'efforçaient de pourvoir d'avance aux arrangements domestiques qui devaient assurer le sort le meilleur à tous, sans porter atteinte à la vitalité de la souche où les rejetons avaient puisé leur sève. Les enfants étaient habitués à se considérer comme liés les uns aux autres par des intérêts supérieurs à l'égoïsme individuel. Un d'eux se sacrifiait quelquefois pour garder une terre qui n'était pas toujours dans ses convenances ; mais il le faisait par devoir ; et du reste le père avait parlé, son testament était placé sous l'égide du quatrième commandement [1]. On lui obéissait.

« Je prie et ordonne à mes héritiers, dit un père, d'exécuter de point en point, et dans toute sa teneur, tout ce qui est mis et inséré dans le dit testament, chargeant leur propre conscience, sur laquelle je me décharge entièrement, n'ayant rien mis dans icelny qu'après m'estre bien conseillé de mes bons parens, amis et conseils.

« Ainsi, il n'y a rien à débattre, et c'est ma dernière volonté qui, selon Dieu et la loy, doit estre inviolablement observée par mes héritiers. » *Livre de raison de J.-B. Joseph de Sudre*, 1680.

On est étonné de voir des chefs de famille, investis

[1] Rien de plus précis que les enseignements religieux donnés à cet égard dans les familles. Les catéchismes insistaient d'une manière particulière sur le respect du testament, sur l'obligation qu'avaient les enfants d'exécuter avec fidélité les dernières volontés de leurs parents. — Voy. le *Catechisme du concile de Trente*, chap. XXXII, § 3.

d'une telle autorité, s'imposer l'obligation de laisser à leurs enfants ce qu'ils appelaient « *des comptes rendus d'administration* ». Ces comptes de gestion étaient joints habituellement à l'inventaire des propriétés, et ils servaient presque de commentaire au testament. Cela s'explique très bien, lorsqu'on lit les motifs donnés dans les textes eux-mêmes.

Le compte rendu de l'administration domestique est d'abord utile, par les raisons que nous venons d'indiquer; et c'est à ce titre que les pères, après l'avoir pratiqué, prient leurs héritiers de le continuer après eux.

« J'ai voulu faire connaître à mes enfants ce que j'ai fait dans l'intérêt de l'amélioration de notre patrimoine, afin qu'ils évitent ce qu'ils reconnaîtront avoir été mauvais et qu'ils imitent ce qu'ils jugeront avoir été bon. Je désire que cet usage se perpétue dans ma famille : il sera avantageux aux pères et aux fils, il soutiendra le zèle des uns, la reconnaissance des autres et l'émulation de tous...

« Le moyen de bien conduire ses affaires est de tenir note de son administration et d'en rendre compte à ses enfants, pour bien constater le droit qu'on a à leur reconnaissance, et pour leur laisser des exemples et des leçons profitables. » *Livre de raison d'Antoine de Courtois.*

Il y a encore un intérêt du premier ordre à mettre toutes choses dans un tel jour que les désaccords, différends et procès soient rendus impossibles.

« Comme il n'y a rien de plus incertain que le temps de la vie, il est d'une prudence extrême de laisser à ses successeurs une entière connaissance de sa gestion domestique, pour éviter dans l'avenir des suites fâcheuses qui sont toujours causées par le manque d'attention qu'on a eue à expliquer exactement les fonds et les revenus de son héritage. *Cette attention assure la paix de la famille, et les enfans peuvent par eux-mêmes s'attribuer le patrimoine, sans avoir recours pour une semblable recherche au secours de personnes étrangères, qui donnent souvent des conseils empoisonnés.* » *Livre de raison d'Honoré d'Estienne de Saint-Jean*, Aix, 1740.

Voilà comment les parents modèles comprennent et appliquent le grand principe de la responsabilité morale. Voici maintenant le langage qu'ils tiennent, pour faire que cette paix se maintienne à jamais, non seulement sous l'égide de leur autorité, mais surtout de leur amour :

« Je dois prévenir ceux de mes enfans qui pourroient se former des doutes sur la sagesse de mes vues et la sincérité du compte que je vais leur rendre et me rendre à moy-même, que le seul et unique motif qui me guide est l'amour de la paix; que toutes mes opérations ont été et seront toujours pesées dans la balance de l'équité et de l'affection paternelle. Je les prie tous en général, et chacun en particulier, d'être intimement persuadés que je les ai toujours chéris tendrement, que mon occupation la plus sérieuse et la plus agréable a été de pourvoir à leur éducation et à leur établissement, à leur bien-être et à leur plus grande satisfaction.

« Je me flatte que mes enfans se rappelleront avec reconnoissance et n'oublieront jamais que j'ay toujours usé à mon égard, et pour mes besoins personnels, de l'économie la plus rigoureuse, que, conjointement avec ma chère et bien-aimée épouse, nous avons travaillé constamment et sans relâche, pendant tout le cours de notre vie, à la conservation de leur petite fortune, et qu'à notre exemple, pour reconnoître ce que nous avons fait pour eux et seconder nos désirs, ils vivront en paix et unis, coopérant mutuellement à leur bien-être réciproque... » *Livre de raison de Pierre-Alexandre de Fresse de Monval, écuyer de la ville de Valensolle (Basses-Alpes).*

Nous l'avons observé ailleurs[1] : de tels accents se retrouvent dans la plupart de nos textes domestiques. Or, ne sont-ce point là autant de modèles qui s'offrent aux familles chrétiennes ? — Des pères usant pour leurs besoins personnels de l'économie la plus rigoureuse et ayant toujours en vue le plus grand bien de leurs enfants ; — des enfants élevés, dressés, enseignés avec ces principes et ces exemples ; — le foyer et le domaine patrimonial conservés, sous l'égide de l'amour du travail et de la pratique du dévouement, par une sorte de fidéicommis

[1] *Les Familles*, t. II, liv. III, chap. IV : « le Testament et l'Héritage paternels. »

perpétuel; — des générations se succédant ainsi fortes, viriles, bien implantées dans le sol, bien pénétrées de l'idée de devoir : tout est là, éducation, tradition, coutumes, respect de soi-même, et surtout respect de Dieu et respect du père.

Notre société actuelle est loin de ces mœurs, et l'on est attristé du spectacle que présentent beaucoup de familles d'honnêtes gens, dans leurs partages successoraux. Les testaments deviennent de vaines formalités. Les enfants, livrés à l'esprit d'envie et de discorde, poussent jusque dans ses conséquences les plus extrêmes un principe d'égalité très mal entendu. Chacun prétendant avoir un lot exactement semblable à celui des autres co-partageants, la liquidation est forcée. La maison paternelle n'est pas seule vendue; le domaine, si petit qu'il soit, est l'objet de revendications qui s'attaquent à ses moindres parcelles. L'unité agricole est détruite, et ses lambeaux se dispersent comme une poussière inféconde. La famille se condamne à l'état nomade; elle périt fatalement.

N'insistons pas davantage sur des questions si graves et que de rapides considérations ne suffi[illegible] pas à éclairer[1]. Bornons-nous à conclure par quelques observations pratiques.

[1] Il est presque superflu de signaler ici les ouvrages, aujourd'hui célèbres, dans lesquels M. Le Play a jeté sur ces questions fondamentales une si vive lumière. — Voy. surtout la *Réforme sociale en France, déduite de l'observation comparée des peuples européens.* 6e édition; Mame et fils, Tours, 1878, 4 vol. in-18.

Si défectueuses que soient nos lois, elles ne sauraient empêcher les familles de faire acte de bonne entente, dans un intérêt suprême d'union et de conservation.

Si grands que soient les obstacles, ils ne peuvent empêcher les enfants d'aider les efforts des parents, pour maintenir les conditions d'existence de la famille.

C'est aux mœurs qu'il appartient de préparer les réformes urgentes qui permettront aux classes populaires aussi de retrouver, dans le relèvement de nos meilleures traditions, l'appui moral, matériel et effectif, dont elles sont déshéritées de nos jours.

Autrefois, le père, en s'occupant de l'avenir de son domaine, pensait également aux familles de fermiers dont le sort lui était incorporé, et il leur donnait une place dans son Livre de raison. Les enfants savaient qu'une des dernières volontés de leurs parents, que leur devoir strict était de ne pas abandonner ceux dont le travail s'employait à leur procurer des revenus, en fécondant la terre de leurs sueurs. Dans les foyers modèles, il y avait des enseignements, des recommandations formelles, exprimés à ce sujet et mis par écrit, pour qu'on ne les oubliât jamais :

« Je recommande à mes successeurs de profiter de l'exemple de M. de... et d'être toujours les pères de leurs paysans, de les mener toujours par la douceur, d'empêcher qu'ils ne se dévorent par des procès, de converser familièrement avec eux, de leur donner libre accès pour tout ce qu'ils auront à faire avec eux. C'est par ces voies que je suis parvenu à exécuter avec une rapidité étonnante ce qui m'auroit demandé des années entières. » *Livre de raison de Pierre-César de Cadenet de Charleval*, 1728.

Un autre Livre de raison, contenant de semblables instructions, est sous nos yeux, et nous croyons intéresser nos lecteurs en lui empruntant une page dans laquelle la tradition vit tout entière. Nous en avons connu l'auteur. Après avoir vécu quelques années à Paris, il avait pris la résolution de se rendre utile à son pays; il s'était fait agriculteur; et, installé dans l'ancien domaine de sa famille, entouré de paysans qu'il travaillait à rendre heureux, son activité et ses efforts se consacraient à mener de front le soin de ses terres et l'éducation de son fils.

« Le but de ma vie est fixé. Les travaux des champs alternés avec ceux de cabinet font maintenant tout mon plaisir, et ils me dédommagent bien amplement de la privation que je m'impose une grande partie de l'année en n'habitant pas la ville.

« Mes études sont austères. Je tâche de servir les besoins de ces classes laborieuses si intéressantes, et qui produisent tout ce que les classes oisives consomment, sans s'occuper d'elles; je dévoue une partie de mon existence à l'amélioration physique et morale de leur sort. Je crois accomplir une œuvre méritoire devant Dieu et devant les hommes.

« O solitude des champs ! je te bénis, tu es mon bonheur, puisque tu me permets de diriger sans distraction mes pensées vers le bien et le beau, et de faire un peu de bien. Et vous tous qui m'entourez et qui vivez avec moi de cette vie quasi patriarcale, que notre siècle ne connaît plus, épouse chérie, aimable enfant, et vous, serviteurs fidèles... (suivent les noms d'une dizaine de paysans), recevez mes remerciements pour vos bons services. Votre association à mes travaux n'est pas une utopie, et elle ne ressemble en rien au phalanstère de Fourier...

« Soyons pleins de confiance; nous avons de bons protecteurs là-haut : mon vénérable père, ma tendre mère veillent sur nous et attireront sur nos œuvres la bénédiction de Dieu. Imitons leurs vertus, leur solide piété; ce sera la meilleure manière d'honorer leur mémoire.

« Et toi, cher enfant, objet de mes espérances, une vive sollicitude commence à m'occuper pour toi. Le moment va venir de façonner ton esprit et ton cœur, de te rendre digne de la position que tu dois un jour occuper et de cette longue suite de parents honorables qui nous ont précédés... »

Répétons-le encore une fois : voilà la tradition. N'est-ce pas qu'il y a en elle un souffle vivifiant ? et n'est-il pas manifeste que notre pays, pour retrouver l'ordre et la paix, doit rendre tout d'abord aux familles, avec la liberté testamentaire, les moyens de vivre au delà d'une génération ?

—

4° L'atelier ou l'usine.

Nous ne voudrions pas étendre outre mesure le cadre de cette esquisse; et cependant, comment ne pas dire quelques mots de la propriété industrielle et manufacturière, qui a pris de nos jours une importance si considérable et qui crée de si redoutables responsabilités? L'atelier ou l'usine pourront être décrits sommairement, comme l'a été l'héritage rural : la méthode à suivre est la même; seulement il y a lieu de préciser le point qui, dans ce grand sujet, se lie de la manière la plus étroite à la tradition domestique.

Un illustre penseur de notre temps, M. Le Play, a fait de l'organisation du travail l'objet de profondes études; et c'est à ses ouvrages que les familles adonnées à l'industrie pourront demander, non des théories, mais les leçons de l'expérience. Or, ces leçons sont décisives, et elles mettent à nu les extrêmes conséquences du renversement de l'ordre traditionnel. « Avant 1830, dit M. Le Play, les ateliers parisiens portaient déjà la trace des idées subversives et des sentiments de haine que les révolutions antérieures avaient fait naître. J'ai pu cependant y observer alors des institutions et des mœurs qui ne le cédaient en rien à ce que j'ai trouvé de plus parfait, pendant trente années, dans le reste de l'Europe. Le patron et sa femme se plaisaient dans une existence simple et frugale, connaissant dans tous ses détails la vie domestique de leurs ouvriers, et ceux-ci se préoccupaient sans cesse de la prospérité commune. La solidarité et l'harmonie apparaissaient dans tous les rapports du patron et de l'ouvrier, notamment dans une solennité dite *fête de la lumière*. Chaque automne, le dimanche précédant la semaine où l'on commençait à éclairer l'atelier pour le travail du soir, le patron réunissait à sa propre famille toutes les familles de ses ouvriers, dans un banquet suivi de danses et de diverses récréations. — En 1867, j'ai vainement cherché dans les anciens ateliers, agrandis et enrichis, quelques vestiges de ces touchantes relations. J'ai surtout constaté l'absence de l'affection et du respect qui rattachaient à cette solennité la sympathie des ouvriers, des femmes et des enfants[1]. »

La désorganisation qui frappe le sol se produit avec des symptômes plus graves encore pour l'atelier; il est devenu extrêmement rare que le fils y succède à son père; et comment n'en serait-il pas ainsi, lorsque l'obstacle vient de la loi elle-même?

Jusqu'à ce jour, les divers groupes industriels étaient constitués à l'image de la famille; mêmes principes, mêmes pratiques. Le patron se regardait

1 Le Play, *L'Organisation du travail*, p. 141.

comme le père de ses ouvriers; ceux-ci le respectaient, s'attachaient à lui, s'intéressaient à ses pensées d'avenir, et ils lui demeuraient fidèles, parce qu'ils étaient sûrs de trouver, soit pour eux, soit pour leurs enfants, de semblables sentiments et une égale assistance, chez celui de ses fils qui lui succéderait. Aussi les rapports étaient-ils permanents et stables; ils se prolongeaient quelquefois à travers plusieurs générations. Comment ces liens réciproques se sont-ils rompus? Qui n'en voit une des causes les plus funestes dans la liquidation forcée où la mort du patron jette l'atelier, liquidation si fatale dans ses résultats que beaucoup la devancent, en se retirant des affaires avant l'âge! Il est triste de constater qu'à l'heure même où les transformations de l'industrie, la création de grandes agglomérations ouvrières, enlevaient tant d'hommes à leurs foyers et à la bienfaisante influence du pays natal, toutes les coutumes qui eussent eu pour effet de reformer près de l'usine, et sous l'égide du patron, la famille ouvrière, avec ses mœurs, avec son antique esprit de solidarité, ont fait place à l'individualisme le plus contraire à la nature humaine, comme aux lois divines.

Mais c'est trop nous arrêter à des observations qui dépassent de beaucoup les limites où nous devons nous renfermer. Ajoutons seulement que les sociétés chrétiennes possèdent en elles des principes de vie plus puissants que les ferments de destruction. L'invasion du mal avait été suivie de lamentables désordres, et ces désordres mêmes ont mieux fait sentir à une élite, chaque jour plus nombreuse, de chefs d'industrie l'urgence de revenir à la mise en pratique du grand principe de la responsabilité. Ils ont senti qu'ils ne pouvaient se désintéresser du sort de leurs ouvriers; l'idée de la paternité a repris ses droits, et les institutions les plus utiles à la moralité, à la dignité, au bien-être des collaborateurs et auxiliaires de leurs travaux, forment aujourd'hui tout un sujet d'études, pour le moraliste comme pour l'économiste. Crèches, salles d'asile, écoles, sociétés de secours mutuels, caisses d'épargne, assurances sur la vie, assurances en cas d'accidents, fournitures d'aliments et de vêtements à prix réduits, constructions de maisons pour les ménages ouvriers, tels ont été les premiers bienfaits acquis dans l'ordre matériel. D'autres, plus pénétrés de l'esprit chrétien, se sont occupés de la restauration ou de la préservation des mœurs : respect du dimanche, répression des blasphèmes et des propos licencieux, séparation des sexes, rapports personnels du patron avec ses ouvriers, choix de contre-maîtres éprouvés, instructions et fêtes religieuses, messes, mariages, funérailles chrétiennes, etc. [1]...

Le Livre de raison ne peut tout embrasser; mais, puisqu'il est le *Livre d'or* de la famille, pourquoi ne deviendrait-il pas encore, dans une juste mesure, et pour tout ce qu'il y a de plus utile à mentionner, celui de l'atelier ou de l'usine, considérés comme des

[1] Léon Harmel, *Manuel d'une corporation chrétienne;* Mame et fils, Tours, 1877, p. 284.

annexes du foyer domestique? Pourquoi, dans l'intérêt même de l'instruction des enfants, le père n'y marquerait-il pas, aussi brièvement que possible, ce que sa conscience et l'expérience lui ont fait établir pour le bon ordre moral et chrétien de son établissement industriel?

Le modèle n'est pas à chercher sous ce rapport, il est tout trouvé, et il est de nature à inspirer l'admiration, en même temps que le désir de le suivre, quoique de loin. M. Léon Harmel a raconté naguère, en tête de son *Manuel d'une corporation chrétienne*, ce que sa famille et lui ont fait de l'usine de Val-des-Bois, dans la Marne. « En décrivant les œuvres établies ici par la foi et la persévérance, dit-il dans une lettre à un ami, nous n'avons fait que retracer la vie du *bon père*. Vous connaissez le vénérable patriarche, l'orgueil et l'amour de toute notre grande famille. Un fils peut bien parler de son père, et il lui serait permis de ne rien taire à son sujet. Cependant..., nous avons un objectif plus élevé; nous avons à glorifier notre Père qui est au ciel, et à montrer comment son règne a amené dans notre petit centre la paix, l'union et la joie véritables, tous les biens, en un mot, qu'on cherche vainement en dehors de Dieu. » Suit un petit précis historique, de sept pages, résumant ce que le livre a pour but de commenter et de développer : 1° les institutions économiques créées pour améliorer l'état matériel et moral des ouvriers, dès la première époque, après la fondation de l'usine (1840); 2° tout un ensemble d'associations religieuses, destinées à triompher des obstacles qui continuaient à entraver le bien, et établies successivement, de 1861 à 1872, dans une deuxième époque, à la fin de laquelle le grain de sénevé jeté en terre a fini par devenir un grand arbre.

Ces quelques pages se terminent par une conclusion qui est à citer :

« Par une action persévérante de plusieurs années, nous sommes arrivés au but que nous avions ambitionné. Les familles sont reconstituées, la paix et l'amour ont remplacé au foyer le trouble et les querelles. La mère se réjouit du changement qui s'est opéré dans son mari et dans ses enfants; le père a retrouvé dans une vie nouvelle le courage et la joie du travail. L'économie a éteint les dettes et créé l'épargne. Les fêtes de famille ont ramené cette douce gaieté qui repose des fatigues de la vie. Quand nous sommes réunis tous ensemble, au milieu de ces bons et loyaux visages transformés par l'influence chrétienne, on lit dans les yeux la confiance et l'amour, et on remercie le bon Dieu qui a fait la grande famille du Val-des-Bois. »

Souhaitons, pour l'avenir des familles et de l'industrie française, que beaucoup de ceux auxquels s'adressent de tels exemples en profitent, et que, plus tard, ils transmettent à leurs successeurs de semblables enseignements dans leurs Livres de raison !

TROISIÈME PARTIE

L'AVENIR

LE TESTAMENT ET LES ENSEIGNEMENTS PATERNELS

I

INDICATION DU LIEU OU EST DÉPOSÉ LE TESTAMENT ET DE SA DATE

Si regrettables que soient les entraves mises par nos lois à une des libertés les plus nécessaires, si difficile qu'il soit aujourd'hui, dans bien des cas, d'exercer un des premiers attributs du droit de propriété, on ne saurait trop recommander aux familles la pratique et le respect du testament. Il s'agit de leur destinée, de leur avenir; or, quoi de plus important pour cet avenir que la sollicitude avec laquelle doit s'effectuer le grand acte qui règle la transmission et la conservation du patrimoine domestique!

Nos pères voyaient en lui « le couronnement de leur vie » dans l'ordre des choses temporelles; ils le considéraient comme un devoir religieux, dont l'observation a été prescrite par Dieu lui-même[1]; et ils ont offert à notre imitation de belles et chrétiennes formules, toutes pleines de la fermeté de leur âme :— « Ne voulant pas que la mort nous trouve par notre négligence décédés *sans avoir ordonné et disposé de nos biens temporels, que Dieu, par sa grâce, nous a prêtés;* — ne sachant si la mort nous surprendra, *et voulant n'être dépourvus ni de confession ni de testament, etc...* »

Combien peu, de nos jours, ont une si sage prévoyance! On en a d'autant moins à cet égard que les mœurs deviennent plus sensuelles. Comme le disait le R. P. Lacordaire, la pensée de la mort ne nous vient plus que par le côté sombre de l'âme, tandis que dans les siècles de foi elle arrivait par le plus lumineux et le plus serein, comme le soleil sort de l'horizon. Nos pères ne connaissaient pas les terreurs que la seule idée d'avoir à faire son testament cause à nos contemporains.

Saint François de Sales exprimait à cet égard le fond même de la vieille coutume domestique : « Les hommes pensent toute leur vie à ce qu'ils ont à faire à leur mort, et comme quoy ils pourront bien établir leur dernière volonté, afin qu'elle soit bien entendue de ceux qu'ils laissent après eux. Pour cela, plusieurs font leur testament en pleine santé, craignant que l'effort des douleurs mortelles ne leur oste le

[1] « Au jour de la consommation de ta vie, et au temps où tu seras près de sortir de ce monde, règle ton héritage. » (Eccli. XXXIII, 24.)

moyen de manifester à leur mort leur dernière volonté[1]. »

Et, effectivement, jamais, ou presque jamais, nos pères ne manquaient de pourvoir au règlement de leur héritage, et il n'est pas une famille un peu ancienne chez laquelle nous n'ayons pu consulter des séries de testaments, se continuant d'une manière non interrompue pendant un et plusieurs siècles. Au sein de ces familles, toutes profondément religieuses, la mort semble s'effacer; la vie apparaît; elle est toujours la même, toujours puissante et rayonnante; dans le temps comme dans l'éternité, elle agit, et l'on croirait retrouver les ancêtres dans la personne de leurs descendants.

« La vie de l'individu est une, observait naguère sur ce sujet un éminent orateur chrétien; mais l'analyse y découvre trois éléments, les forces de trois temps distincts... La vie de ses ancêtres, c'est le commencement de la sienne, c'est sa première époque. La seconde, le présent, la vie individuelle, est comme une efflorescence de la première. Je continue l'œuvre de mon bisaïeul, j'ajoute à sa pensée; ce qu'il désirait faire, je le fais; je prolonge son action dans le monde.

« Ah! je vivrai longtemps sur cette terre où je compte déjà tant d'années d'enfance dans mes aïeux, d'adolescence dans mon père, de maturité en ma

[1] Œuvres de saint François de Sales, t. IV de l'édit. Vivès, p. 461.

propre existence. — C'est cette troisième vie que l'homme aime et qu'il regarde incessamment. Son bisaïeul à lui l'apercevait de bien loin, dans la brume, lorsqu'il travaillait, conservait, amassait. Et lui, il regarde de ce même côté, en avant ; il pense, il désire, et bâtit pour l'arrière-petit-enfant, pour ceux qui sont là-bas, si loin, aux dernières limites de son horizon. Et de la sorte, tout homme vivant en un temps où règne l'esprit de tradition est un milieu entre quatre ou six générations. Il vit en elles, il a ce sentiment qu'il préparait sa propre vie dans celles qui l'ont précédé, qu'il continuera longtemps à vivre dans celles qui viendront après lui[1]. »

Et remarquons qu'il s'agit de la vie dans toutes ses sources, dans tous les éléments dont elle est formée et qui constituent son existence. La famille est un être moral, mais c'est aussi un être concret. Elle ne vivra que si elle est bien établie; or, ce solide établissement ne pouvant être que l'œuvre de volontés longues et persévérantes, il y faut l'action des parents et celle du temps. Voilà la grande force de la tradition, et ainsi on s'explique, avec l'importance domestique et sociale qu'avait autrefois le testament, les soins qu'on y apportait.

Sans doute, nous sommes loin, très loin d'un tel

1 Mgr Isoard, *le Sacerdoce*, conférences prêchées à l'Oratoire; Paris, Palmé, 1878, t. II, p. 307-308.

Nous ne saurions trop recommander la lecture de ce beau livre; il développe, avec une grande puissance et un véritable charme, les vérités qui manquent le plus à notre société.

état de choses; mais il dépend de chacun de nous de travailler, au moins en ce qui nous touche, à nous sauver des extrêmes conséquences de notre désorganisation présente. Combien de familles excellentes sont menacées de plus en plus de perdre les dernières conditions de stabilité qui leur restent! Si elles veulent échapper au naufrage où tant d'autres ont péri, il est urgent *qu'elles s'unissent étroitement sous l'égide de l'autorité paternelle*, et qu'elles commencent par restaurer chez elles *le respect du testament*, en se rappelant que c'est par lui que les pères et mères d'autrefois « laissaient *le repos, la paix et la bénédiction à leurs enfants*[1] ».

Conviendrait-il d'insérer le testament dans le Livre de raison? Nous ne le pensons pas : les situations peuvent changer, et il ne faut pas s'exposer à être obligé de l'effacer; au surplus, il y a des formes légales qui s'imposent en pareille matière. Nos pères

[1] Citons ici le préambule du testament d'un paysan. Il ne diffère en rien de beaucoup d'autres semblables :

« Au nom de Dieu soit-il. L'an 1663, et le vingtiesme jour du mois d'avril après midy, je Denis Collavier, messeger de ce lieu de Rognes soussigné, fils à feu Suffren et Catherine Martelle, sain de mes sens, entendement, bonne mémoire et disposition corporelle; considérant toutes fois l'incertitude de l'heure de la mort, *afin de laisser le repos, paix et bénédiction parmi les miens, j'ay disposé des biens qu'il a plu à Dieu me donner en ce monde*, par voye de testament solennel et ainsi que ci-après.

« A ces fins, comme bon et fidèle chrestien, je recommande mon âme à Nostre-Seigneur Jésus-Christ, le suppliant, par l'intercession de la glorieuse Vierge Marie sa mère, des saints et saintes du paradis, icelle recevoir et loger avec les bienheureux, lorsqu'il luy plaira la séparer de mon corps... »

se bornaient le plus souvent à le mentionner ; ils notaient sa date, et indiquaient qu'on le trouverait dans telle cassette particulière ou chez tel notaire. Cela ne pourrait-il être encore très utilement pratiqué ? Une page serait réservée dans ce but, en tête de cette troisième partie.

II

CONSEILS AUX ENFANTS

A côté du testament proprement dit se place le testament que nous appellerons *moral*. Nous voulons parler de ces admirables conseils, tels que l'amour paternel et maternel peut seul les inspirer, et qui, écrits à la lumière de l'expérience, semblent s'illuminer des clartés éternelles. Jamais, non, jamais, un fils n'oubliera les derniers avis que ses parents ont eu le dévouement de mettre par écrit pour son plus grand bonheur.

« Adèle, Charles, Joséphine, et toi, mon jeune Auguste, vous tous, mes chers enfants, en qui j'ai déposé ma vie et l'espérance que notre nom sera honoré par vos vertus et passera sans tache à nos descendants, écoutez avec confiance et recueillez dans votre âme les conseils de votre père. Faites-en la règle de votre conduite, et transmettez-les à votre postérité, après y avoir ajouté ce que vos réflexions et votre sagesse particulière vous auront fait connaître de plus utile et de meilleur. »

Ainsi s'exprime un père modèle, et un fils écrira sous la même inspiration :

« Moy, Joseph M..., fils à feu M. Toussaint M..., marchand de cette ville, voulant laisser à mes enfans et désirant leur inculquer les mêmes principes que ceux dont mon père a toujours eu le soin de m'entretenir, dès l'âge le plus tendre, je les exhorte à méditer sans cesse les brièves instructions qu'il a écrites ci-devant de sa propre main, et à mettre à profit les leçons qu'il m'y donne. »

Nous avons publié beaucoup de ces textes : ce sont des monuments incomparables. Aujourd'hui, désireux de répondre aux vœux dont ils ont été l'objet, et dans un but tout à fait pratique, nous voudrions leur appliquer la méthode dont nous nous sommes servi pour ceux de la Bible [1], c'est-à-dire les rapprocher, les coordonner, en extraire le suc, sans rien changer à leur forme ancienne et presque classique, sans rien leur enlever de leur originalité.

Cela est possible, sinon facile ; car le trait qui les distingue au plus haut point est leur concordance.

[1] *La Vie domestique,* t. II, p. 241-375. — *La Famille d'après la Bible*, brochure in-32 publiée par la Société bibliographique ; Paris, 1877.

Pour ne pas surcharger de renvois et de notes un abrégé essentiellement simple, nous nous dispensons de mettre en regard de chacun d'eux la source d'où ils émanent. Une œuvre d'érudition serait déplacée là où il ne s'agit que de produire un effet d'édification, en vue de susciter des imitateurs.

En recueillant les enseignements domestiques de nos pères, nous n'avons pu en déduire bien des applications actuelles; et peut-être aussi perdront-ils une partie de leur intérêt, en étant isolés de l'histoire et des particularités de famille.

Aux parents chrétiens il appartient d'y porter remède; à eux de compléter des instructions nécessairement un peu générales par des observations et des recommandations plus spéciales. Et c'est ainsi qu'après avoir rappelé dans la première partie du Livre de raison les exemples de leurs devanciers, après avoir retracé dans la deuxième l'œuvre présente, l'effort actuel, ils concluront pratiquement sur les moyens de perpétuer cette tradition et cette œuvre dans l'avenir.

III

ABRÉGÉ DES CONSEILS
QUE LES PARENTS LAISSAIENT AUTREFOIS PAR ÉCRIT
DANS LEURS LIVRES DE RAISON

—

I. — La religion.

Dans l'incertitude où je suis, mes chers enfants, du moment où il plaira à Dieu de me retirer de ce monde, ne sachant pas si j'aurai le temps, avec le secours de sa grâce, de vous élever en sa crainte et en son amour, comme je le souhaite, et étant encore incertain si, quand cela serait, je me trouverai en état de vous parler avant ma mort, je prends le parti d'y suppléer, en vous disant ce qu'il me semble que je vous dirais en ce dernier moment.

Recevez ces sentiments comme ceux d'un père qui vous aime tendrement; regardez ce qu'il y aura de bon comme venant de Dieu, seul auteur de tout bien;

reconnaissez dans ce qu'il y aura de mauvais la corruption du cœur humain, qui se mêle dans tout, et prenez-en occasion de prier Dieu pour moi.

La première recommandation que j'ai à vous adresser est d'être fidèles à notre sainte religion catholique, de l'aimer, de la pratiquer, comme l'ont fait vos pères, et de ne pas laisser passer un jour de votre vie sans penser à la grande affaire de votre salut. Croyez-moi : c'est ce qu'il y a de plus solide et de plus nécessaire au monde, et c'est la meilleure satisfaction que je puisse recevoir de vous.

Vous en ferez un jour l'expérience par vous-mêmes : les principes de notre foi ne sont pas moins utiles pour la vie présente que pour la vie future. Soyez de bons chrétiens, songez à quoi vous oblige cette qualité; et vous mériterez la grâce que Dieu fasse de vous de véritables gens de bien, ayant une conduite qui réponde à l'éducation que nous avons tâché de vous donner; et vous serez aussi heureux qu'il est possible de l'être ici-bas.

Lorsque vous entrerez dans le monde, vous ne trouverez que trop de gens qui se font un faux point d'honneur de douter de tout, et qui blasphèment ce qu'ils ignorent. Ne vous laissez pas ébranler par leurs railleries, ni séduire par leurs systèmes; vous perdriez le repos de votre âme, vous vivriez sans espérance, et vous mourriez sans consolation.

Pour vous préserver d'un tel malheur, mes enfants, commencez par bien vous remplir des vérités de la religion; apprenez à connaître tout ce qu'il y a en elles de noble et de beau; faites-vous des principes sur chacune d'elles, traduisez-les en règles de conduite, rapportez à cette étude toutes les autres, et attachez-vous à des pratiques solides sans lesquelles votre foi ne tarderait pas à s'affaiblir. Vous serez obligés de vous instruire sur bien des choses qui, pour l'ordinaire et à moins d'une grande attention sur soi, dissipent l'esprit ou le dessèchent. Vos maîtres vous enseigneront les sciences humaines; appliquez-vous-y; mais n'oubliez pas que Jésus-Christ, dans lequel est le fondement de notre foi, est aussi l'unique objet qui mérite notre amour.

Aimez-le donc par-dessus tout, comme votre divin chef, et prenez plaisir à le servir de tout votre cœur. Que la crainte de Dieu ne cesse d'être devant vos yeux; que ses commandements et ceux de la sainte Église soient la règle de votre esprit et de vos actions. C'est de lui que nous tenons l'être; lui seul peut faire prospérer nos entreprises. S'il vous donne cette prospérité, remerciez-le humblement, en sorte que vous ne soyez pas pires par orgueil. S'il vous envoie l'adversité, recevez-la avec patience, comme une expiation de vos fautes, et regardez-le comme un père qui ne vous manquera pas dans vos besoins.

Dès que vous serez accoutumés à cette douce façon de vivre, vous serez contents, et tous vos alentours le seront avec vous. Est-il rien de meilleur que d'avoir la paix en soi et dans sa maison? Plus tard, vous aussi, vous deviendrez chefs de famille; et vous ressentirez l'impression de tendresse que la

Providence a mise dans les entrailles des pères et des mères. Alors vous reconnaîtrez pleinement ce ce que nous devons à Dieu, et aussi vous comprendrez combien il nous est nécessaire pour nous aider à remplir les devoirs de notre état, qui sans lui sont des croix bien difficiles à porter. Ces devoirs consistent à veiller sans cesse sur ceux qui sont sous notre charge, afin de les tenir sous l'ordre de Dieu, à avoir soin de nos affaires, à nous en instruire par toute sorte de moyens, pour pourvoir à nos besoins, à ceux de notre famille et des pauvres, et nous mettre en état de rendre un jour bon compte de notre administration temporelle, aussi bien que de la spirituelle.

Vous ne serez bien avec Dieu, et vous ne serez bons chrétiens, qu'en restant fidèles aux pratiques que nous vous avons enseignées et dont nous vous avons de notre mieux donné l'exemple dès le berceau.

Au sortir du lit, ne manquez jamais de vous mettre à genoux, et commencez par offrir votre journée à Dieu : c'est ainsi qu'on attire ses bénédictions et ses grâces sur soi, sur ses études et ses travaux, et qu'on se rend digne de sa miséricorde, sans laquelle l'homme est plus malheureux que la bête.

Gardez un grand respect pour le saint jour du dimanche; il nous est donné pour nous occuper des deux grands bienfaits de Dieu envers les hommes, la création et la rédemption.

Soyez en état de fréquenter assidûment les sacrements. Pour le repos de votre conscience, choisissez un directeur sage et éclairé : ne prenez pas le premier venu ; traitez votre âme au moins comme votre corps ; car vous ne prendriez pas un médecin sans savoir s'il est habile. Lorsque vous aurez trouvé ce bon médecin spirituel, placez-vous sous sa conduite, et ne perdez pas de vue les salutaires avis que vous en recevrez.

Contractez et ayez l'habitude de ne pas passer un jour sans lire quelque chose du nouveau Testament ; si le chapitre est trop long, bornez-vous à la moitié ; faites de même pour l'*Imitation de Jésus-Christ* et les *Vies des Saints*.

Quand vous serez chefs de maison, établissez chez vous la coutume de faire la prière du soir en commun ; examinez votre journée, voyez en quoi vous avez manqué à Dieu, et souvenez-vous de vous en corriger.

Après la pratique du premier et du plus grand des commandements, celui d'aimer Dieu, je vous demande, mes enfants, celle du second, l'amour du prochain et la charité envers les pauvres ; car, sachez-le de moi, elle vous profitera beaucoup pour l'âme et pour le corps ; non seulement vous n'en serez pas appauvris, mais vous en recevrez la récompense dans ce monde-ci même. Les familles chrétiennes ont eu de tout temps là-dessus des règles que vous aurez à suivre. C'est aux charités faites par leurs parents que les enfants ont toujours particulièrement attribué les grâces dont leurs maisons se trouvaient comblées et les biens dont ils jouissaient.

Ces biens ne sont pas pour nous seuls ; nous sommes comptables envers Dieu de l'usage que nous en faisons. Rien n'est plus important pour vous que d'avoir des principes solides sur l'étendue de ce grand point de morale.

La charité doit s'exercer selon notre état ; mais ne vous y trompez pas, on s'illusionne facilement là-dessus, on se crée souvent des nécessités imaginaires, et l'on croit qu'on peut employer son bien selon son caprice, puisqu'on en est le maître. Ne vous laissez pas tromper par ces fausses maximes ; réglez-vous à faire une dépense honnête, mais modeste et sage. Ne pensez pas qu'il soit permis à un chrétien de s'accorder toutes les petites commodités, que l'on recherche si fort à présent dans le monde. Cette attention que l'on a sans cesse à éviter toute incommodité, toute peine, si légère qu'elle soit, rend l'esprit non moins que le corps mou et languissant [1]. Donnez tout ce que vous retrancherez de vos dépenses superflues, et craignez plutôt sur cet article d'être au-dessous de votre devoir que d'aller au delà. Consultez des gens éclairés et pleins de l'Évangile, pour proportionner vos aumônes avec vos revenus ; faites-les avec ordre.

Si vous avez des parents pauvres, leurs besoins doivent être préférés. Puis viennent vos serviteurs, les familles de votre paroisse, de vos terres, etc.

[1] « L'éducation, disait Joubert, doit être tendre et sévère, et non pas froide et molle. »

Que votre cœur et votre bourse soient ouverts aux indigents; que vos conseils, vos lumières, votre crédit, s'emploient à leur venir en aide, selon les différents genres de misère. Mais souvenez-vous que leurs corps ne sont pas les seuls, et que vous devrez, autant que vous le pourrez, faire servir votre charité au salut de leurs âmes, procurer surtout dans les campagnes de bons livres et de solides instructions, afin d'attirer sur vous et sur ceux qui dépendront de vous les grâces du ciel.

II. — Le respect des parents.

Dieu, qui gouverne le monde par le ministère de ses créatures, donne aux parents, s'ils s'en rendent dignes, les lumières nécessaires pour l'éducation de leurs enfants. Il faut suivre cet ordre.

Après Dieu, ce que vous devez préférablement respecter, craindre et aimer, ce sont ceux qu'il vous a donnés pour père et pour mère; et c'est à nous à ne nous conduire que par lui, et malheur à nous si nous avons d'autres vues!

Évitez avec attention les défauts où tombent trop de jeunes gens qui se croient maîtres d'eux-mêmes et hors de toute dépendance, dès que leurs études sont finies. Éloignez-vous de cette conduite; conservez toujours pour nous le respect et la confiance que vous nous devez; regardez-nous comme vos meilleurs amis. Nous serons en toute occasion les plus véritables, les plus désintéressés et les plus tendres que vous puissiez avoir.

Ne faites jamais de projets, de parties, de liaisons, ni de connaissances que vous craigniez que nous ne sachions. S'il vous arrive de commettre des fautes, faites-nous-en sincèrement l'aveu : montrez-vous à nous tels que vous serez.

Aimez-nous, et vous trouverez plaisir d'être avec nous; pour nous, votre mère et moi, nous ne manquerons aucune occasion de vous prouver combien nous vous aimons. Soyez à notre égard bons et affectueux. Vous ne le serez jamais autant que nous le serons pour vous; car c'est une des lois établies par la Providence que l'affection descende des parents aux enfants, avec l'autorité et l'esprit de conseil. Nous ne vous demanderons jamais rien de contraire à vos intérêts, pas plus qu'à la loi de Dieu; un père et une mère peuvent-ils ne pas désirer le bonheur de ce qu'ils ont de plus cher au monde? Et n'est-il pas certain qu'il n'y en a de vrai et de stable que pour celui qui aime Dieu et le sert avec fidélité?

Faites donc que vos volontés soient toujours conformes aux nôtres. Affermissez-vous dans ces principes, et vous mériterez par là les bénédictions d'en haut.

« *Honorez votre père et votre mère, afin que vous soyez heureux et que vous viviez longtemps sur la terre.* » Ces promesses divines ne portent pas seulement sur le bonheur de l'autre vie, elles ont aussi pour objet les biens mêmes de la vie présente. Voyez les familles heureuses, et instruisez-vous par leur exemple. Les parents n'ont pas besoin d'y faire sentir leur autorité, parce qu'on leur obéit par amour : un visage plus sérieux qu'à l'ordinaire, un regard un peu plus sévère suffisent à exprimer le blâme; un air de satisfaction, une parole de louange, le moindre signe d'approbation, tiennent lieu de la plus grande récompense.

Qu'il en soit ainsi pour vous, mes chers amis; et plus tard, lorsque vous serez à votre tour chefs de famille, Dieu vous récompensera dans vos enfants.

Voici une grande règle, pour ne jamais vous laisser séduire par l'erreur ni égarer par vos passions.

Dans toutes les circonstances de la vie, voulez-vous prendre le meilleur parti? Demandez-vous à vous-mêmes ce que vous conseilleriez à vos fils, à vos filles, en pareille occasion, et faites-le hardiment. Si vous pouviez balancer entre le vice et la vertu, entre le désir de la vengea[illegible] et le pardon de l'injure, entre la crainte de Dieu et le mépris de ses jugements, supposez votre enfant à votre place, et faites ce que vous lui conseilleriez.

Étrange condition de l'homme déchu! ce n'est que pour aimer et conseiller ses enfants qu'il retrouve la sagesse!

Cette manière d'exiger pour soi-même ce qu'on souhaiterait pour ses enfants est un moyen infaillible de n'être jamais trompé.

III. — Le Livre de raison de la famille.

Vous ne serez heureux, mes enfants, que si vous êtes sages. Pour vivre sagement, prenez la résolution de ne jamais vous écarter des conseils que je vais vous donner. Je vous le demande au nom de votre intérêt, au nom de votre bonheur; vous savez s'il me sont chers et si je voudrais vous tromper.

Mes chers enfants, mes bons amis, je vous conjure de lire et de relire très souvent les avis que je vous laisse dans ce Livre de raison de la famille. C'est là que vous me trouverez toujours; c'est là que je vivrai encore pour vous, et vous n'aurez pas perdu votre père tant que vous le conserverez.

Ces avis, qui s'élèvent du tombeau d'un père, font une très forte impression, et, quoique toutes les vérités morales soient connues, celles qui sortent de la bouche des parents sont encore les plus utiles.

IV. — Les bonnes mœurs.

Et, d'abord, conservez vos mœurs pour que vos mœurs vous conservent. Ici je m'adresse plus particulièrement à mes fils.

On vous dira, dans le monde, qu'il faut se réjouir, que la jeunesse est destinée au plaisir, qu'il faut en prendre alors, que l'âge rend assez tôt sérieux et qu'il faut bien faire comme les autres.

On vous dira surtout que lutter contre soi-même n'est pas gai et que c'est mener une existence bien triste.

Au nom de Dieu, mes enfants, n'écoutez pas de tels discours, et soyez convaincus que du bon usage de votre jeunesse dépend le bonheur de votre vie. Si vous ne voulez pas m'en croire, voyez, consultez et jugez par la triste expérience des autres.

Je t'en prie, mon bon fils, toi qui, en ta qualité d'aîné, dois donner l'exemple à tes frères cadets, n'entre jamais, jamais, dans aucune maison de débauche. Fuis de semblables lieux avec horreur. Si tu pouvais cesser de craindre la damnation éternelle, n'oublie pas que la malédiction divine frappe dès ici-bas les impurs.

Veux-tu être heureux époux? garde-toi pur pour celle que tu veux trouver sans tache; c'est alors que le mariage est le paradis de ce monde.

Ce conseil, mon bon ami, il n'y a que ton père qui puisse te le donner; ce n'est que de moi que tu peux apprendre ce grand secret de la félicité humaine. J'y attache tant d'importance que je me mets ici à genoux devant toi; je prends tes mains, je les arrose de mes larmes, et, les yeux baissés devant les tiens, je te dis, mon cher enfant, que, depuis que tu es né, j'ai veillé nuit et jour à la conservation de tes mœurs. J'ai écarté de toi, avec le plus grand soin, tout ce qui aurait pu te corrompre. Aujourd'hui que la mort me presse, je te remets à toi-même le dépôt que Dieu m'avait confié.

Oui, garde-toi toi-même, mon fils, ne te souille point. Si, à ma prière, tu te conserves chaste, crois que j'aurai plus fait pour toi que si je t'avais laissé d'immenses richesses. Ta vie sera longue; l'union que tu contracteras ne cessera jamais de t'être aussi chère, aussi douce que le premier jour; tous tes jours seront des jours de satisfaction, de paix et de bonheur domestique. Ton sang pur coulera dans les veines de tes enfants. Leur santé sera le prix de ta sagesse, et leurs bénédictions seront une nouvelle récompense pour toi.

V. — Les spectacles.

Allez le moins possible au théâtre, mes chers enfants, et même abstenez-vous-en tout à fait.

On vous pressera sur ce chapitre, comme si la connaissance du théâtre devait servir à votre instruction et vous faire bien voir du monde ; mais rappelez-vous ce que Racine disait à son fils : « Croyez-moi, quand vous saurez parler de comédies, vous n'en serez guère plus avancé, et ce ne sera point par cet endroit que vous serez le plus estimé. »

On vous dira que c'est un vain scrupule; on vous citera des gens qui passent pour réguliers et qui y vont. Résistez à tous par ces deux principes également solides; le premier est fondé sur cet oracle de l'Écriture : « *Qui aime le danger y périra ;* » et le second sur cette vérité : qu'en allant au spectacle vous autorisez tous ceux qui y vont et qui y perdent leur âme.

VI. — Les lectures.

Le démon vous présentera des romans qui ont de la vogue, et que vous verrez même lire et louer à des gens qui ont la réputation d'être sages et vertueux selon le monde; mais il y a un venin dans ces sortes de livres, et l'on ne s'en aperçoit que lorsqu'il a fait impression. Alors on se sent froid pour la prière et pour le service de Dieu, et l'on est si fort en goût pour les choses mondaines qu'on demeure avec un cœur tout changé. Évitez ces occasions de chute. Les spectacles et les romans ne servent qu'à exalter l'imagination, qui est la source de nos erreurs et fait le tourment de la vie.

Gardez-vous donc des lectures frivoles. On a dit depuis longtemps que la vie est trop courte pour lire toute sorte de livres; et j'ajoute que celle du chrétien est trop précieuse pour que nous ne nous bornions pas aux chefs-d'œuvre, surtout à ceux qui élèvent l'âme et nous rendent meilleurs.

Ne lisez pas rapidement, *legere et non colligere, nec legere est*. Pour venir en aide à votre mémoire, écrivez ou notez ce qui vous touchera le plus, en ayant soin de marquer, à côté de chaque extrait, sur une grande marge, la matière à laquelle il doit être rapporté. Une table exacte de tous les sommaires, rangée par ordre alphabétique, vous permettra de retrouver plus tard tout ce que vous aurez recueilli sur le même sujet.

VII. — Le jeu.

Interdisez-vous absolument de jouer de l'argent dans une pensée de gain. Le jeu mène à toutes les fautes, et presque toujours aux bassesses.

Combien d'existences cette funeste passion n'a-t-elle pas brisées! que de familles n'a-t-elle pas détruites!

Les jeux de hasard sont un combat acharné pour s'arracher l'argent des mains les uns des autres. La cupidité, la férocité, la friponnerie en rassemblent les acteurs. Le père de famille y oublie qu'il a femme et enfants, les enfants qu'ils ont un état honorable; l'ami et le camarade ne s'y connaissent plus. Le perdant est au désespoir, le gagnant est possédé de l'idée qu'il ne gagne pas encore assez et se livre à toutes sortes de débauches. Quel hideux spectacle!

Ces suites fatales du jeu sont trop frappantes et trop connues, mes enfants, pour que je vous en dise davantage. Rappelez-vous cette définition trop juste du joueur :

« Il commence par être dupe; il finit par être fripon. »

—

VIII. — Le travail.

Le véritable et unique moyen de conserver vos mœurs est l'occupation et le travail.

Bien employer le temps, c'est savoir vivre; être désœuvré, c'est végéter. Le premier est de l'homme, le second est de l'animal.

Levez-vous matin, c'est d'ailleurs salutaire pour la santé. Réglez le temps que vous devez donner au sommeil; on blesse la tempérance en dormant trop, comme en buvant et mangeant au delà du nécessaire.

Raisonnez sur la nouvelle journée que Dieu vous donne, distribuez vos heures, ayez de l'ordre et de l'exactitude, et ne renvoyez jamais au lendemain ce que vous pourrez exécuter le jour même. Quand on renvoie, les travaux ou les affaires s'accumulent, on les fait avec précipitation et l'on a plus de peine.

Fuyez l'oisiveté; celui qui ne fait rien pense à mal faire; or il ne suffit pas de ne point faire mal et du mal, il faut faire bien, mieux et du bien. Lorsque vous songerez à moi, souvenez-vous des conseils que je vous ai donnés pour vous rendre heureux. La vie est un présent du ciel; nous devons en user avec reconnaissance. C'est le plus grand des bienfaits pour ceux qui en font bon usage, et un don funeste pour celui qui ne sait pas en jouir.

Lorsque vous aurez quelques mauvaises pensées, détournez-en tout de suite votre esprit; occupez-vous d'un autre objet qui fasse diversion. S'il vous arrive malgré votre bonne volonté de faire quelque chose de mal, ne vous découragez pas, mais tenez-vous sur vos gardes et redoublez d'ardeur pour bien agir.

Défiez-vous du penchant à ne rechercher que les choses qui plaisent, et préservez-vous de cette inconstance trop naturelle aux jeunes gens qui les jette dans des résolutions extrêmes. Apprenez à vous connaître, étudiez-vous, instruisez-vous par les exemples des autres, et vous verrez que nul bien ne nous arrive jamais sans peine, et qu'il est moins difficile de l'acquérir que d'en user sagement.

Ayez sans cesse en vue que vous devez rendre gloire à Dieu, combler de satisfactions vos parents et être utiles à votre patrie. Pour y réussir, il vous faut des talents et la sagesse; voilà plus qu'il n'est nécessaire pour vous encourager.

Pensez aussi que vous n'êtes que les dépositaires de notre nom, et que vous aurez à le transmettre avec honneur à vos enfants. S'il ne vous est pas donné de l'illustrer, au moins rendez-le recommandable par vos vertus; ce nom n'a jamais eu une tache, soyez-en dignes.

Voici une des maximes dans lesquelles nos pères nous ont élevés : « *Celui qui ne travaille pas ne mérite pas de vivre*[1]. » Je vous la rappelle pour que vous en fassiez votre profit, et je finis par une autre dont l'observance vous conduira à la perfection : « Quelle que soit la vocation que Dieu vous inspire de suivre, dans vos rapports avec vos supérieurs comme dans ceux que vous avez avec nous et avec vos maîtres, *aimez la vérité qui vous reprend, et craignez la vérité qui vous flatte.* »

[1] Saint Paul, II Thess., v, 12.

IX. — La simplicité et la modestie.

Je vous parlerai bientôt de l'ordre à garder dans le gouvernement d'une maison; ici je dois vous dire comment vous devez vous gouverner vous-mêmes, et à quels traits l'on reconnaîtra en vous une bonne éducation.

Ne soyez pas orgueilleux, et tenez-vous simples.

Ne confondez pas la noblesse des sentiments avec l'orgueil; ce vice est presque toujours l'apanage de la médiocrité. Naissance distinguée, fortune, places, talents, avantages de l'esprit et du corps, tout cela perd son prix par l'orgueil et double sa valeur par la simplicité.

L'orgueil a perdu les anges; c'est lui qui perd les hommes. Vous devez le regarder comme chose abominable.

« *La naissance,* a-t-on dit, *donne moins d'honneur qu'elle n'en ordonne.* » Quoi de plus vrai? et ne l'est-il pas également d'ajouter que « *vanter sa race, c'est se parer du mérite d'autrui* »?

Ne soyez donc point prévenus de vous-mêmes, et n'ayez pas non plus la sotte erreur de croire que les hommes se jugent par ce qu'ils paraissent et non par ce qu'ils sont. Il y a quantité de gens qui, placés au haut de la roue, sont méprisables, si on les considère dépouillés du rang souvent éphémère auquel ils se sont élevés; il y en a quantité d'autres qui, dans un état très obscur, ont un mérite personnel peu commun.

Ne méprisez aucune condition et aucune profession; partout où vous trouverez des vertus, respectez-les.

Remerciez Dieu de vous avoir fait sortir d'une famille qui n'a jamais produit que des gens de bien, estimés, considérés, honorés de tout leur pays et de leurs concitoyens.

La Providence, mes enfants, vous a donné la position la plus désirable pour le bonheur et la vertu. Une naissance illustre, une fortune considérable semblent être d'abord le partage le plus avantageux. Il s'en faut de beaucoup cependant que ce soit le plus heureux, même ici-bas, abstraction faite du plus grand intérêt, du seul véritable, celui du salut, pour lequel une grande naissance et une grande fortune sont des écueils dangereux. Ces écueils sont tels qu'ils font trembler. Dieu vous garde de ressembler jamais aux enfants prodigues, désespoir de leurs parents et véritables fléaux publics! Tous ont commencé par être élevés comme des idoles et par se refuser au travail. Or sachez ici, mes chers enfants, que nous ne vous devons que deux choses : *Nous avons à vous bien élever et à vous faire bien instruire. Avec cela, si nous pouvons vous laisser quelque bien, à la bonne heure; sinon, avec une bonne éducation et instruction, pour peu que vous ayez, vous aurez assez.*

Soyez de bonne heure économes et sobres; ne vous créez pas de besoins factices. Souvenez-vous que la sobriété fut toujours le meilleur remède pour prévenir les maladies comme pour les guérir, qu'elle est la source de la vigueur de l'esprit et la santé de l'âme comme celle du corps.

Ayez horreur du luxe de nos jours qui ferait votre malheur. Ne visez pas à la nouveauté et à la rareté; elles rendent très chers des objets que peu de jours remettent à un prix raisonnable. Réglez-vous dans votre condition sur l'exemple des plus modérés, et cela pour le train, pour la table, pour les meubles, etc., en vous rappelant que toute dépense au delà du nécessaire est directement contre la règle de l'aumône.

Vivez dans la simplicité que nous avons toujours eue. Un honnête homme doit vivre de peu.

Je prie Dieu qu'il écarte de vous la pauvreté; mais je lui demande aussi qu'il vous préserve de l'attachement aux richesses. Les biens temporels, dans lesquels on place aujourd'hui le souverain bonheur, sont plus que jamais variables et fugitifs. La vraie, la solide félicité est dans la paix de la conscience, qui s'acquiert par la pratique de ce que la religion nous enseigne, comme la fin de l'homme et le but de sa vie.

—

X. — Prendre un état.

Travaillez avec le ferme vouloir de remplir dans votre pays les fonctions pour lesquelles vous aurez le plus d'aptitude. Un vrai chrétien, en commençant toujours par ce qu'il doit à Dieu, ne néglige pas ce qu'il doit à la société : il faut même y être exact, quand on a de la religion.

Pensez-y bien et souvent : il n'y a rien sur quoi la volonté de Dieu sur nous soit plus manifestement marquée que l'obligation du travail. Tous nous sommes tenus de travailler selon notre condition, autant que Celui qui nous le commande donne d'industrie et de force à nos esprits et à nos corps. Le temps présent ne nous est accordé que pour gagner par notre fidélité et notre travail l'éternité bienheureuse.

Vous devez aussi vous ménager les moyens d'élever et de placer vos enfants. Et puis, quelle satisfaction n'aurez-vous pas à tirer un parti utile de vous-mêmes et de vos talents?

Ne ressemblez pas à ceux qui, comptant sur la fortune paternelle, tirent motif de là pour ne rien faire. Ce sont des imprévoyants : ils ignorent tout ce qu'il en coûte pour subvenir à l'éducation d'une famille et au train d'une maison; et j'ajoute que souvent ils finissent mal. Celui qui ne sait s'occuper et travailler à accroître son bien en honnête homme, s'expose à perdre dans la dissipation et le jeu le patrimoine dont il a hérité de ses parents[1].

Rien ne rend l'homme plus indépendant et l'existence plus douce que d'être l'artisan de sa fortune. Ce plaisir, que l'âge n'affaiblit point, est le seul dont nous puissions jouir jusqu'à la mort, et je le regarde comme une des plus sûres garanties de bonheur.

Si vous n'avez une profession ou des occupations suivies, vous ne serez jamais que des hommes nuls, ennuyés et ennuyeux. Ainsi, je vous l'ordonne, au nom de l'autorité que la nature et surtout l'amour me donnent sur vous, prenez un état. A cette condition j'attache l'accomplissement des vœux que je

[1] Nous prions nos lecteurs de se reporter à ce qui a été dit plus haut, p. 146.

Un Livre de raison de la fin du XVIIIe siècle, que nous avons sous les yeux, contient sur ce grave sujet de sévères observations. Celles-ci s'adressent à la jeunesse d'une petite ville, qui s'élève dans l'oisiveté et sous l'action de déplorables exemples :

« Pour les belles-lettres, y est-il dit, personne n'en connaît seulement le nom. On se contente d'être tout le jour sur une place, occupé à parler mal de chacun; on s'accoutume à cet exercice, et l'on ne voit pas de bon œil ceux qui ne mènent pas ce genre de vie. Aussi semble-t-il que Dieu appesantit sa main sur ces gens-là et veut punir leurs façons de vivre et d'agir, en faisant diminuer journellement leurs familles qui s'éteignent faute d'enfants... »

forme pour vous et les fruits de ma bénédiction paternelle.

Le choix de l'état que vous prendrez, mes bons fils, est chose si importante que je vous conjure de ne pas le faire en suivant votre première impulsion. Je sais bien que Dieu inspire quelquefois sous ce rapport les enfants, et qu'alors il ne faut pas les contrecarrer ; mais je sais également que la jeunesse est exposée à se tromper. Souvent notre imagination nous égare, nos goûts peuvent changer avec le temps.

Quand viendra ce moment, vous aurez un premier devoir à remplir, celui de beaucoup prier, pour connaître la volonté de Dieu sur vous. Le second, si je ne suis plus de ce monde, sera de consulter votre mère et de faire ce qu'elle vous conseillera avec l'avis de vos parents.

Lorsque vous aurez un état, pensez à ce que vous lui devez et à ce que la société réclame de vous.

Instruisez-vous sur tout ce qui vous le fera bien remplir, mettez-vous-y en bonne réputation, distinguez-vous par votre honnêteté, votre vigilance et votre exactitude. Prenez pour modèles ceux dont on fera le plus de cas dans le corps auquel vous appartiendrez, et vous mériterez d'avoir des protecteurs qui ne vous oublieront pas.

Enfin, si la Providence vous conduit à gouverner vos semblables, dans une situation élevée, restez simples au pouvoir, jamais obséquieux pour ceux qui sont au-dessus de vous, toujours bienveillants pour les autres; et, s'il vous est permis de rendre quelques services à votre pays, remerciez-la humblement de vous avoir pris pour instrument, mais n'en tirez aucun orgueil.

XI. — L'union entre les frères.

L'ordre des devoirs est de savoir bien vivre avec Dieu, avec ses supérieurs, avec ses égaux, avec ses inférieurs et avec soi-même.

Je vous ai dit comment on vit bien avec soi-même, lorsqu'on vit bien avec Dieu. J'arrive maintenant à votre vie dans la famille et hors d'elle.

Aimez-nous comme de bons parents qui vous chérissent tendrement et sans préférences; mais ne vous aimez pas moins les uns les autres comme de bons frères.

Il faut que vous vous aimiez non seulement aujourd'hui, mais toujours, de manière à n'avoir qu'un seul esprit, à vous dire avec confiance et sans réserve toutes vos pensées et vos actions, et à vous entr'aider mutuellement pendant le cours de votre existence. Il y aura peut-être quelques sacrifices à vous imposer pour garder une harmonie si nécessaire; mais vous en serez dédommagés au delà de ce que vous pouvez croire. L'union qui subsistera entre vous vous sera aussi agréable qu'avantageuse, et elle vous fera un honneur infini.

Donc, au nom de toute mon affection et de ma puissance paternelle, je vous conjure, je vous commande de garder entre vous, après ma mort, la parfaite amitié et la concorde fraternelle, que j'ai nourries entre vous de mon vivant. Promettez-le-moi, et je mourrai content. Instruisez-vous par l'exemple des familles heureuses. Ne sont-ce pas celles qui se maintiennent et se conservent? Dieu lui-même n'a-t-il pas dit : « *Mon esprit se plaît en trois choses qui sont en honneur devant Moi et devant les hommes : l'union entre les frères, l'amour entre les proches, un mari et une femme qui vivent dans un parfait accord*[1]. — *Un frère qui est aidé par son frère est une cité forte*[2]. — *Oh! qu'elle est douce, qu'elle est délicieuse l'union qui règne dans une société de frères! C'est au sein de la concorde que pleuvent les dons célestes; c'est là que Dieu donne des jours sans fin*[3]? »

Quant aux autres, voyez où les conduisent la désunion, les discordes intestines et surtout les procès; leur ruine est presque fatale. Malheur à celui d'entre vous qui troublerait la paix de la famille. « *Le Seigneur*, est-il dit dans les Livres saints, *a en abomination celui qui sème la discorde entre ses frères*[4]. » C'est encore une maxime que l'expérience n'a jamais démentie.

[1] Eccli. XXV, 1, 2.
[2] Prov. XVIII, 19.
[3] Ps. CXXXII, 1-3.
[4] Prov. VI, 16-19.

XII. — Les aînés et les cadets.

Lorsque je ne serai plus, j'exhorte mon fils aîné à entretenir la paix de la famille, à devenir le père de ses frères et sœur, et à les traiter avec toute la bonté et la générosité dont un fils bien né et un bon frère est capable. J'invite aussi ses frères et sœur à lui porter respect, honneur et affection, et à le regarder comme leur protecteur.

Oui, mon bon fils, si un de tes jeunes frères n'avait pas alors achevé ses études, avec la douce autorité que te donnera la priorité de ta naissance, tu te feras un devoir et un plaisir de lui rendre le plus grand des services, celui de t'occuper de lui, de le conseiller, de le diriger, de veiller à ce que la légèreté, la dissipation et le dégoût n'empêchent pas ses progrès dans le travail et la vertu. Je te confie cette charge, et ton frère saura ici de moi que, loin de te savoir mauvais gré de la surveillance que je t'impose, il doit s'en montrer reconnaissant.

Je te recommande aussi ta sœur, si elle n'est pas

encore établie. Prouve-lui en la bien aimant que tu as bien aimé ton père. Je prie Dieu qu'il vous donne à tous de vivre en paix dans sa crainte, et dans cette assurance je vous bénis.

XIII. — Avoir un véritable ami.

Ayez un ami sage et sûr qui vous dise la vérité. Sachez ne pas vous offenser, lorsque d'autres que moi vous feront la guerre sur vos petits défauts. « Si j'osais vous citer mon exemple, écrivait Racine à son fils, je vous dirais qu'une des choses qui m'ont fait le plus de bien, c'est d'avoir passé ma jeunesse avec une société de gens qui se disaient assez volontiers leurs vérités. »

Les jeunes gens ont des sociétés, rarement ils ont des amis. Les plaisirs seuls les unissent, et les plaisirs ne sont pas des liens dignes de l'amitié.

L'esprit ne se délasse jamais si bien et si agréablement que dans la société d'un véritable ami. Il n'y a rien dans la vie qui approche de cette jouissance. Sa conversation même fait naître de nouvelles pensées, et excite à former de beaux desseins ; elle anime à pratiquer le bien, calme les passions et adoucit les peines. C'est un trésor dont le prix ne cesse de s'accroître jusqu'à la vieillesse; mais, pour le trouver, il faut commencer par le mériter.

Ouvrez-vous à lui, comme il s'ouvrira à vous. Entretenez-vous quelquefois avec lui des choses du salut; cela vous sera d'autant plus utile qu'on est exposé à ne pas penser à Dieu dans la dissipation et le tracas des affaires.

Mais n'oubliez pas que les parents sont toujours les meilleurs amis des enfants, et qu'il y a aussi des amis de la famille, dont l'affection descendant des pères aux fils demande à n'être pas négligée.

XIV. — Le dévouement au prochain et les rapports sociaux.

A cette union intime joignez un commerce plus général avec vos semblables; mais connaissez-les bien, étudiez-les avant de vous lier à eux. En règle générale, parlez peu de vous-mêmes et de vos affaires. Soyez prudents.

La prudence est la première des vertus cardinales, parce qu'elle conserve toutes les autres : c'est la plus utile des qualités, et cependant comme elle est souvent oubliée !

Plus la prudence se manifeste, plus elle donne d'autorité à celui qui la possède. Elle ne se trouve que dans les personnes de bon sens qui ont l'esprit juste et solide. User en toute occasion de ménagement et de réserve pour soi et pour les autres, savoir parler à propos et se taire, projeter des choses justes et raisonnables, et prendre les moyens convenables et légitimes pour y réussir : voilà en quoi elle consiste. Voyez comme Jésus-Christ loue les enfants du siècle de leur prudence pour leurs intérêts temporels, et comme il propose en eux presque des exemples à suivre aux enfants de lumière. Les chrétiens ne doivent pas être prudents, selon l'esprit du monde qui sacrifie tout au succès; ils ont à exercer cette vertu en vue de Dieu, pour se ménager des jours saints qui leur assurent la vie bienheureuse.

Cette prudence vous empêchera de vous brouiller avec personne. Pour cela, habituez-vous à avoir avec tout le monde des procédés honnêtes : le dernier des hommes, qu'on a pour ennemi, peut créer bien des désagréments.

Méfiez-vous de votre vivacité, n'ayez pas des airs de hauteur, ni un amour-propre mal entendu. Évitez la raillerie : elle est un effet de l'envie, c'est-à-dire d'un des sentiments les plus bas et les moins avouables.

Montrez-vous nobles de cœur, c'est-à-dire généreux, dévoués, désintéressés. Observez fidèlement ce principe simple et sublime : « *Ne faites pas à autrui ce que vous ne voudriez pas qui vous fût fait; faites à autrui ce que vous voudriez qui vous fût fait.* » Vous réussirez à le pratiquer, si l'amour de Dieu et celui du prochain sont la règle de vos actes. Le premier vous empêchera de rien faire contre votre conscience, et le second de porter tort à personne. Par là, vous serez bénis de Dieu en ce monde, et récompensés par lui dans l'autre. Tous ceux avec lesquels vous aurez des rapports vous estimeront; ils vous regarderont comme de parfaits gens de bien, et l'édification produite sur eux par vos exemples fera qu'ils tâcheront de vous imiter.

Les hommes ne seront bienveillants pour vous qu'autant que vous le serez pour eux. Le grand art dans la vie est de s'oublier, de parler aux autres de ce qui les intéresse, et de les faire valoir sans les flatter. Là est la vraie politesse : elle fera que vos supérieurs seront touchés de recevoir de vous le respect auquel ils ont droit; vos égaux, de trouver l'estime qu'ils ambitionnent; et vos inférieurs, la bonté qu'ils rencontrent souvent si peu.

Mais que le désir de plaire ne vous jette pas, non plus, dans un autre défaut, aujourd'hui trop commun. Sachez qu'il ne faut pas avoir des égards pour des gens qui ne les méritent pas, et qu'à cela se reconnaît la dignité du caractère. Il y a là-dessus une ligne de démarcation à laquelle se sont toujours arrêtés les hommes d'honneur. La droiture de votre esprit et votre expérience vous la feront discerner en pratique.

XV. — Le mariage.

Viendra le jour, mes chers enfants, qui doit fixer votre vie et décider de votre bonheur ou de votre malheur en ce monde, peut-être même de votre salut. Vous vous marierez : c'est l'état naturel de l'homme, et telle sera votre destinée à tous, à moins que Dieu n'appelle quelqu'un d'entre vous à se consacrer entièrement à lui. Si, dans ce moment solennel, je ne suis plus près de vous, du moins que mon souvenir vous garde, et que mes dernières recommandations soient toujours présentes à votre mémoire.

Avec quelle circonspection n'aurez-vous pas à choisir la personne à laquelle vous confierez votre honneur, votre bonheur, la santé et la fortune de vos enfants! Comment reconnaître cette personne qui aura toujours vos goûts et vos opinions, dont la sympathie devra, pendant toute votre vie, vous réunir dans la même pensée et la même volonté? Comment se défendre des faiblesses du cœur dans un choix où il faut cependant le consulter? Comment allier les raisonnements et la prévoyance de la sagesse avec les illusions de nos propres affections?

C'est là le comble de la sagesse humaine. Celui qui a fait le meilleur choix possible a donné la plus haute preuve de prudence et s'est assuré la plus grande garantie de la véritable félicité. Il aura un jour la reconnaissance de ses enfants et sera béni par sa postérité.

Le seul moyen de ne pas vous tromper est de ne pas choisir vous-mêmes, ou du moins de ne pas engager votre cœur ou votre promesse, sans vous être concertés avec votre bonne mère et vos bons parents.

Dieu ne bénit que les mariages faits en son nom et au gré des parents. Ceux-là seuls donnent la joie de la conscience et sont entourés de l'estime publique, première annonce du bonheur qui doit les suivre.

Les mariages honorables sont l'alliance de deux familles honnêtes et d'égale fortune, qui n'en feront plus qu'une. Celui d'entre vous qui l'oublierait, pour ne satisfaire qu'une aveugle passion, n'y trouvera qu'amertume, honte et malheur.

N'engagez donc vos affections qu'à la personne que vos parents en auront jugée digne, et après que vous l'aurez vous-mêmes étudiée longtemps avec un esprit tranquille. Examinez sans prévention, ni pour ni contre, les partis qui vous seront offerts. Jugez-les comme si, parvenus déjà au milieu de votre carrière, vous vouliez les choisir pour vos propres enfants. Raisonnez comme si vous étiez pères de famille : je vous l'ai dit, c'est le moyen infaillible de se conduire avec sagesse. Il faut que la naissance, mais surtout l'éducation, soient égales des deux côtés, que les âges soient proportionnés, que les fortunes soient à peu près les mêmes. Il faut que les goûts soient bien connus; que l'amour du travail, de l'ordre, de l'économie, et l'habitude des bonnes mœurs depuis longtemps contractée et bien établie, vous assurent et garantissent l'avenir.

Heureux, trois fois heureux serez-vous, si vous trouvez ces qualités réunies dans une personne qui en aura hérité de ses pères! On n'est sûr que des vertus *qui tiennent au sang*, celles-là seules ne se démentent jamais. C'est pourquoi il faut vous attacher à une bonne race.

L'expérience vous le dit, mes chers fils, les maisons se soutiennent et prospèrent par les bons mariages ainsi contractés; elles se ruinent et se déshonorent par les mauvais. Regardez autour de vous, et jugez si j'exagère.

Vous lirez un jour ces derniers témoignages de ma tendresse. J'exige que, ce jour-là, en pensant à votre père et à ce que vous devez à sa mémoire, vous fassiez le serment solennel de ne jamais vous mésallier.

XVI. — Le mariage (suite).

Ma chère fille, plusieurs des conseils que je viens de donner à vos frères s'adressent moins particulièrement à vous. Élevée dans la piété et la modestie par votre bonne et tendre mère, cet excellent modèle sur lequel vous avez dû vous former, vous ne connaîtrez pas tous les périls du monde. Ne croyez pas cependant qu'il n'y ait pas pour vous d'occasions dangereuses.

S'il s'en présentait, fuyez-les; gardez-vous de toute liaison, de tout tête-à-tête, de toute correspondance. Ne vous arrêtez pas aux compliments des gens du monde. L'amour-propre est subtil, il est difficile d'en comprimer les élans; s'il est mal réglé, il produit surtout chez votre sexe un désir trop vif de plaire, et le désir de plaire dispose à la sensibilité. Une femme qui est flattée des hommages qu'on lui rend est à demi vaincue. Évitez cet écueil, ma fille.

Apprenez à aimer la vérité et la simplicité en toutes choses; ne soyez jamais désoccupée; mais formez-vous aux vertus et aux talents du ménage, et attendez ainsi, dans une grande quiétude d'esprit et de cœur, qu'on vous présente celui qui doit vous donner son nom et l'auguste dignité de mère de famille. Examinez-le avec le calme de la sagesse, jugez-le dans ses qualités vraies et solides. Il devra avoir de la religion, des mœurs, l'amour du travail et de l'ordre, un état qui convienne à votre condition, et alors vous pourrez sans crainte l'accepter pour époux.

L'état de mariage se montre d'ordinaire, aux yeux des jeunes personnes, paré de charmes et d'agréments, et elles ne peuvent se persuader qu'on y trouve un mélange de douceurs et d'amertumes, de plaisirs et de peines, d'avantages et de dangers.

Beaucoup ne l'envisagent que comme une cérémonie qui va les délivrer d'une vie de sujétion ; elles ne voient dans l'engagement le plus sérieux, le plus solennel, le plus indissoluble, que la liberté qu'elles croient acquérir de faire leur volonté et de satisfaire leurs goûts de toilette, d'être maîtresses de maison et d'aller où bon leur semble. Ainsi, sans réfléchir, elles s'engagent à remplir tout le temps de leur vie des devoirs qu'elles ne connaissent pas. C'est de cette ignorance que viennent la plupart des mariages malheureux.

Ma tendresse pour vous, ma chère fille, me fait frémir, lorsque je pense que vous seriez peut-être du nombre de ces infortunées qui passent la vie dans les larmes. Aussi, pour guider vos pas dans une carrière où les épines sont semées à côté des fleurs, crois-je nécessaire de vous retracer les principes qui toujours ont servi de base au bonheur domestique.

XVII. — Le bonheur domestique.

Si vous considérez à quelles conditions le mariage a été établi dès le commencement du monde, ce qui en est dit dans l'Évangile, comment saint Paul s'en est expliqué, et toutes les paroles que l'Église emploie pour en instruire les fidèles en conférant ce sacrement, vous verrez que c'est un grand mystère qui représente l'union de Jésus-Christ avec l'Église, pour faire naître et pour élever des enfants d'adoption qui puissent posséder le royaume du ciel.

Tel est le langage de la foi. Vous apprendrez par là le devoir des femmes envers leurs maris, l'amitié qu'elles doivent avoir pour eux, la fidélité qu'elles leur doivent garder, la société qu'elles sont obligées d'avoir avec eux, la dépendance où elles doivent être de leurs volontés, quand elles ne sont pas contraires à celle de Dieu, et les offices qu'elles leur doivent rendre en tous les temps et en tous les états de leur vie, et pour l'âme et pour le corps.

Je connais, ma chère fille, vos inclinations à vous acquitter de ces devoirs; mais je veux y joindre quelques observations sur les moyens à prendre.

Posez pour principe que vous ne pourrez trouver

le bonheur qu'en vivant bien avec votre mari, et que cela dépend de vous.

Cette douce et délicieuse harmonie ne vous sera pas difficile dans les premiers moments; tout alors vous sourira; mais vous sentirez tôt ou tard que l'union la plus intime des cœurs ne produit pas toujours l'accord parfait des caractères et des opinions. Deux cailloux heurtés l'un contre l'autre produisent du feu. En pareil cas, c'est à votre prudence qu'il appartient de prévenir le choc.

Supportez les défauts de celui que Dieu vous aura donné pour époux, et, dans ce but, commencez par les connaître, en vous attachant aux qualités qui lui donnent droit à votre amour et à votre confiance. Lui aussi aura à supporter les vôtres, et il le fera d'autant mieux que vous serez bonne, gaie, prévenante et complaisante. Vos autres vertus, vos actes extérieurs de religion et de piété eux-mêmes y gagneront, car la véritable dévotion consiste à se vaincre en tout point et à rendre aimable la pratique du devoir.

Une femme ne doit jamais mettre son époux dans la nécessité de faire intervenir son autorité. Céder pour le moment n'est pas faiblesse, mais sagesse. Sans doute, un mari peut n'avoir pas toujours raison; il peut être brusque et avoir des volontés trop fortement prononcées. Alors, il faut leur opposer, non la contradiction et la raillerie, qui irritent, mais la douceur, le calme et la sérénité, qui désarment. Combien de femmes ont ainsi ramené à elles les caractères les plus emportés et les plus jaloux!

Persuadez-vous bien, mes enfants, que nous avons tous besoin de beaucoup nous pardonner les uns aux autres. Si nous n'avions à vivre qu'avec des anges, et non avec des hommes imparfaits comme nous, la patience et le support seraient des mots et non des vertus.

Chez les époux, cette indulgence doit aller plus loin; il ne suffit pas qu'ils s'acceptent tels qu'ils sont sans se plaindre, il faut encore que leur tendresse se montre jusque dans leurs faiblesses. Voilà le secret des bons ménages; voilà tout l'art des épouses toujours heureuses, le talent des maris toujours aimés.

Vous trouverez chez votre mari d'autant plus de déférence que vous vous appliquerez, dès le commencement, à ne rien décider que par son conseil. Le jour viendra où il vous laissera peut-être plus de pouvoir que vous ne voudrez; n'en abusez pas alors pour montrer et faire sentir un esprit de domination. Il ne faut même jamais que la tendresse, ni la confiance, ni la liberté fassent oublier le respect que l'on doit au mari, ni s'attribuer une autorité qui rabaisse la sienne. Sans doute, il est bon que l'on voie le crédit dont une honnête femme jouit dans sa maison, mais ce crédit ne doit jamais s'exercer par une humeur impérieuse.

Croyez que tous ceux qui vous conseilleront autrement n'ont ni prudence ni expérience, ou bien ils fondent leurs avis sur la sottise ou la brutalité de quelques maris qui sont incapables de raison et qui ont besoin, pour leur bien, que leurs femmes prennent sur eux un empire dont ni Dieu ni la nature ne les auraient sans cela investies.

Quand on aime son mari, on aime tout ce qui lui appartient. Voulez-vous plaire au vôtre? Rendez à ses père et mère les tributs de respect, de soumission et d'attachement qui leur sont dus et qu'il leur rend lui-même. Façonnez-vous à leurs goûts, à leur manière de vivre, prévenez-les par votre empressement et vos soins, et le fruit que vous en retirerez sera la bienveillance et l'affection de vos nouveaux parents.

Mais, si grands que soient les égards auxquels les femmes soient tenues, il ne faut pas qu'elles se relâchent pour les choses où Dieu serait offensé, et aussi en ce qui attirerait la ruine de leur famille. Elles ne doivent point, par exemple, signer à des ventes ou achats déraisonnables, souscrire à des dettes où leurs maris se sont engagés pour leurs plaisirs ou leur vanité. Car, s'ils venaient à dissiper leurs biens, ils seraient bien heureux de vivre de celui de leurs femmes et d'y trouver de quoi faire subsister leurs enfants.

Souvenez-vous que vous devez cette justice à vous-même, à votre mari, à vos enfants, de conserver votre bien et de ne le point compromettre par des complaisances ou espérances vaines.

—

XVIII. — L'éducation des enfants.

Si Dieu bénit votre mariage, le cercle de vos devoirs s'agrandira, et avec eux croîtra votre responsabilité. Des sollicitudes nouvelles s'éveilleront en vous; elles feront que vous serez obligés de vous oublier de plus en plus vous-mêmes. Ne vous en plaignez pas, et confiez-vous à la Providence de Celui qui a des faveurs toutes spéciales pour les familles nombreuses, lorsqu'elles sont élevées en son amour et crainte, et non avec vanité.

Les devoirs qui incombent aux parents sont bien pesants et pénibles; mais ils tiennent à un sentiment si fort et si puissant que tout par lui est rendu facile.

Vous relirez alors les avis que je vous ai laissés, et, ayant à faire pour vos enfants ce que votre mère et moi nous avons fait pour vous-mêmes, vous comprendrez d'autant mieux le prix de mes conseils.

Gardez-vous bien, mes fils et mes filles, d'imiter les gens du monde qui croient que Dieu leur donne des enfants pour leur amusement. Ils en font leurs idoles quand ils sont petits, et ensuite, à l'âge où, comme on le dit, ils deviennent embarrassants, ils les mettent au collège ou au couvent, en se déchargeant sur d'autres des soins de leur éducation. Ce n'est point là l'intention de Dieu. Les enfants sont un dépôt qu'il confie aux parents et dont il leur demandera un compte sévère.

Cette éducation doit être le principal et le plus cher objet de vos soins. Il faut la commencer dès qu'ils sont formés, les offrir dès ce moment à Dieu, leur donner sa bénédiction à l'heure où ils naissent, et prier pour eux toute sa vie.

Ne différez jamais de les faire baptiser à l'église; dans le choix des parrains et des marraines, préférez, s'il est possible, ceux qui ont de la vertu.

Nourrissez-les vous-même, ma fille; je vous le recommande, pourvu que vos forces physiques vous le permettent; sinon, prenez une nourrice de bonnes mœurs, ayant un esprit sage et modéré. De toute façon, ne placez et ne souffrez auprès d'eux que des personnes absolument sûres, empêchez que quelque enfant mal élevé les fasse jouer. N'oubliez pas qu'ils sont les enfants de Dieu aussi bien que les vôtres, et heureux serez-vous si, connaissant tout le prix d'un tel dépôt, vous ne négligez rien pour conserver chez eux cette belle robe d'innocence dont ils ont été revêtus par le baptême!

Dévouez-vous à ce grand ouvrage, mes bons fils et ma chère fille; travaillez-y avec le secours d'en haut, comme si vous deviez n'y être aidés par personne; et, si vous avez besoin d'une assistance plus particulière, comptez sur la Providence qui y pourvoira. Vos enfants vous seront plus redevables de les avoir formés à la vie chrétienne que de les avoir mis au monde. Je dis « à la vie chrétienne », parce que là est le premier et presque l'unique objet de l'éducation.

Ne cessez pour cela de prier Dieu; demandez-lui les grâces et les lumières nécessaires, afin de remplir avec fidélité tout ce qu'il exige de vous, à l'égard de ces âmes innocentes dont il vous aura établis les anges visibles.

Sitôt que vos enfants auront la moindre intelligence, faites-leur savoir qu'ils ont un Père qui est au ciel, qui les regarde toujours, encore qu'ils ne le voient pas, et qui leur envoie tout ce qu'il leur donne. Que les premiers actes de leur raison soient employés à le reconnaître comme leur Créateur.

Vous les instruirez vous-mêmes des vérités de la religion : rien de plus important; car les impressions reçues dès le bas âge, des enseignements des parents, ne s'effacent plus dans le cours de la vie.

Corrigez-les surtout pour les fautes qui sont contraires à la loi de Dieu, et avec beaucoup de douceur pour les autres; par là, ils comprendront qu'il est plus nécessaire de plaire à Dieu qu'aux hommes.

Ne les reprenez point par humeur et colère; de telles réprimandes ne portent pas de fruits.

Ayez tous les soins possibles pour leur santé physique; mais ne perdez pas de vue ce qui va au bien de l'âme. Pliez leur volonté et rendez-la flexible;

habituez-les de bonne heure à s'imposer ou du moins à accepter quelques privations, parlez-leur toujours raison, exercez et fortifiez leur jugement, inspirez-leur un grand amour du travail.

Ne leur donnez jamais des exemples qui puissent leur laisser une mauvaise impression, non seulement pour les choses contraires à l'honnêteté, mais aussi pour les défauts de caractère. Vos enfants diront et feront tout ce qu'ils vous verront dire et faire, et même pire.

Qu'ils s'accoutument à avoir une confiance absolue en vous; mais ne souffrez dans aucune occasion qu'ils vous manquent de respect. Ce point est de la plus grande importance.

Pour qu'ils vous respectent, respectez-vous vous-mêmes, et regardez-vous comme les ministres de Dieu, ayant à exercer sur ceux qui dépendent de vous une autorité vraiment sainte, à l'image de celle de Jésus-Christ et de son Église. J'espère que vous n'aurez pas le malheur de voir l'un d'eux aller à gauche et s'engager dans une voie mauvaise. S'il en était ainsi, n'en désespérez jamais, et, selon la maxime des Livres saints : « *Ne prenez pas une résolution qui aille à sa mort*[1] ; » c'est-à-dire qui lui enlève tout moyen de retour. Croyez que la Providence n'abandonne pas les parents qui n'ont d'autres vues que de retirer leurs enfants de la perdition. Appelez-la de plus en plus à votre aide, mais sachez

[1] Prov. XIX, 18.

être patients. Les corrections sont toujours nécessaires; gardez-les seulement pour les choses essentielles, et accompagnez-les d'une sévérité toujours tempérée par la douceur. En pareil cas, il est bon de suivre la maxime que saint Ambroise recommandait à sainte Monique, au sujet de son fils : « *Parlez-lui peu de Dieu, mais parlez beaucoup de lui à Dieu.* » Votre fils n'écouterait pas de longues moralités, surtout si elles étaient dites d'un ton aigre; mais il sera touché de vos tristesses, de vos larmes; il se sentira humilié en trouvant chez vous des trésors d'affection et de tendresse dont il est peu digne; et viendra le jour où vous remercierez et bénirez le Ciel de vous avoir donné la force de faire rentrer en lui-même ce pauvre égaré.

Quant à l'instruction, vous saurez faire en sorte que vos enfants reçoivent celle qui conviendra le mieux à leur état, en vue de la carrière qu'ils auront plus tard à embrasser. J'ai là-dessus une seule recommandation à vous adresser : Vous ne devrez jamais les confier qu'à des maîtres sages et *craignant Dieu*, qui, en enrichissant leur esprit des sciences humaines, les prémunissent contre la dépravation et l'impiété de ce malheureux siècle.

Pensez au compte que Dieu vous en demandera. Pour moi, qui touche au moment de cette reddition de compte, je tremble de n'avoir pas rempli tout mon devoir; car quel est le père, si chrétiennement qu'il ait élevé et fait instruire ses enfants, qui n'ait à se reprocher bien des faiblesses et des négligences?

XIX. — Les serviteurs et subordonnés.

D'autres obligations vous attendent encore comme maîtres ou maîtresse de maison. N'oubliez jamais que vous devrez à vos domestiques, et en général à tous ceux qui vous seront subordonnés, secours dans leurs maux, indulgence pour leurs faiblesses, justice pour leurs réclamations, bon exemple et instruction pour tout ce qui a rapport à leur conduite chrétienne.

Les serviteurs doivent être mis au rang des enfants pour le soin que l'on est tenu d'en prendre; et les femmes sont plus spécialement chargées de ce soin.

Il ne suffit pas de leur payer exactement leur salaire, chose essentielle et qui s'impose à tout honnête homme; il faut veiller aussi à leurs mœurs et leur témoigner l'intérêt qu'ils méritent.

Dieu n'a pas fait des créatures semblables à nous uniquement pour nous servir. Sa providence a établi différents états, afin qu'ils s'aident réciproquement et que tous concourent au salut les uns des autres. Les maîtres répondront des vices que leurs serviteurs auront contractés chez eux, faute de s'occuper d'eux, de les corriger et de leur donner de bons exemples.

Vous serez obligés de les reprendre, c'est un devoir pour vous; mais faites-le avec douceur, charité et affection, c'en est un autre non moins commandé par Dieu. Ils sont hommes comme nous; ils sont assez malheureux d'être astreints à se plier tout le jour à nos volontés, sans avoir la liberté de s'en plaindre. Y a-t-il rien de plus dur que cet état? Et, quand on sait penser, ne doit-on pas chercher à l'adoucir par un air de bonté, en les louant et les récompensant pour ce qu'ils font bien?

On juge ordinairement de ce que nous sommes par la manière dont nous nous conduisons envers nos serviteurs, et l'on a raison. C'est d'après cela que vous serez jugés vous-mêmes.

Prenez garde de tomber dans un défaut non moins fâcheux, celui de la familiarité. Les gens de cette condition se croient vite des gens nécessaires dont on ne peut se passer. Lorsqu'on se livre trop à eux, ils en mésusent et veulent devenir les maîtres. Rien n'est plus dangereux pour une jeune personne, pour une jeune femme, que de faire des confidences à ses domestiques.

Connaissez-les bien; apprenez ainsi à les bien commander et à n'exiger rien d'eux au delà de leur portée.

Ne les oubliez pas dans leurs vieux jours, s'ils vous demeurent attachés et fidèles. Réservez-leur une place dans votre testament.

Agissez de même pour ceux qui, sans être au service de votre personne, emploient toutes leurs forces à faire valoir vos biens.

Par cette conduite, vous serez aimés et respectés de vos gens; ils vous regarderont presque comme si vous étiez leur père ou leur mère. C'est le moyen sûr pour vous d'être bien servis et d'attirer sur votre maison les bénédictions célestes.

XX. — Le ménage et l'épargne domestique.

Persuadez-vous bien aussi, ma fille, que vous n'aurez pas le droit de constituer votre maison en dépenses vaines et superflues, surtout si vous ne lui avez pas porté une dot assez riche pour y fournir. Et, lors même que votre fortune personnelle vous permettrait le luxe, préservez-vous-en.

Nos pères disaient que « *les enfans doivent espargner de bonne heure, afin que, lorsqu'il faudra entrer en dépense, ils le puissent faire* ». Une de leurs maximes était que « *toute espargne, en matière de mesnage, est d'un revenu incroyable et par-dessus tous les autres revenus; que les richesses sont bien quelque chose; mais que le mesnagement leur est encore supérieur, parce que c'est luy qui entretient longuement les familles* ». Nous devons à cette manière de vivre les biens dont nous jouissons. Nous n'avons aucune dette, nous n'avons besoin du secours de personne; notre revenu est honnête. C'est la situation la plus heureuse, et nous voudrions avoir la satisfaction de vous la voir conserver.

Or il est une vérité confirmée par l'expérience :

c'est qu'une femme enrichit ou ruine une maison. Il n'est pas de milieu entre ces deux extrêmes, parce qu'il est bien difficile, sans des habitudes d'économie, de maintenir une balance exacte entre les revenus et les dépenses.

Le mari administre les biens et a dans son ressort toutes les affaires extérieures; la femme règle les dépenses de l'intérieur, et c'est là qu'elle doit faire règner l'ordre le mieux entendu. Là, les dépenses se renouvellent chaque jour; il faut en régler l'emploi, prévenir les excès de consommation, pourvoir aux approvisionnements en temps favorable, en sorte que le mari puisse, sur les états de comptes, apercevoir aisément les objets qu'il convient de réduire.

Votre mère vous a donné sur ces divers points des connaissances pratiques, qui me dispensent d'entrer là-dessus dans de plus amples détails. Je me borne à un simple conseil : ne perdez pas de vue que la prospérité de votre maison dépendra de la règle que vous y aurez établie.

Vous devrez, ai-je dit, maintenir une balance exacte entre vos recettes et vos dépenses : voilà la vraie science du ménage. Mais j'ai hâte d'ajouter qu'il faut aller plus loin : il faut prévoir l'avenir, et se mettre en mesure de parer à un accident. Ceci s'adresse à mes fils.

Un fermier ne vous aura pas payé sa rente; une inondation aura ravagé vos terres; vous aurez à réparer un bâtiment, etc... Comment ferez-vous, si vous êtes simplement au courant, c'est-à-dire sans dettes?

Un fonds de réserve vous est nécessaire, et ce fonds vous aurez à l'économiser, dès le début du mariage, avant que les charges occasionnées par les enfants ne vous en empêchent.

Quelque modiques que soient vos revenus, il vous sera toujours possible de dépenser moins. L'économie diminue les dépenses, le travail augmente les revenus.

Ne soyez pas avares, c'est le vice le plus détestable pour la société; mais ayez l'esprit de conduite et de prévoyance. L'avarice est la soif insatiable de l'argent pour la possession de l'argent; l'économie, au contraire, est vertu et sagesse; c'est amasser à la vérité de l'argent, mais pour en faire en son temps un digne emploi.

Certaines gens ne payent pas leurs dettes et sacrifient tout au luxe, à la vanité et à la bonne chère. Ne les imitez pas : traitez libéralement vos parents et amis; mais attachez-vous dans votre ordinaire à la propreté, à la délicatesse, à l'aisance, à l'honnêteté, à l'amabilité, à la gaieté. Que l'on puisse dire de ces réunions de famille : Nous venons de faire un joli et agréable repas.

Une méthode sûre, pour bien vous conduire, est de faire votre budget au commencement de chaque année. Écrivez chaque jour toutes vos recettes et vos dépenses. Chez nous, bonnes gens de famille, on a toujours cru que savoir tenir ses comptes, non seulement n'est pas au-dessous d'un honnête homme, mais est un de ses premiers devoirs.

XXI. — Quelques règles importantes.

Je ne saurais vous tracer ici dans le détail le bon usage que vous aurez à faire de vos biens, selon votre condition et les circonstances. Qu'il me suffise de vous marquer quelques règles dont l'expérience nous apprend l'absolue nécessité.

1° Persuadons-nous, si nous avons des dettes, que nos biens ne sont pas à nous, et qu'ils sont acquis à ceux dont nous sommes les débiteurs, tels que domestiques, artisans, ouvriers, créanciers... En ce cas, il faut se priver même du nécessaire, réduire son train habituel, n'avoir que très peu d'habits et de très simples, plutôt que d'attirer sur soi la colère de Dieu par une faute aussi grande qu'est celle de retenir le bien d'autrui injustement.

Lorsqu'on est bon chrétien, on est par excellence un homme d'honneur, droit, probe, juste, intègre, fidèle à la parole donnée; on est tenu de se montrer délicat jusqu'au scrupule. Il n'y a pas en cette matière de manquement qui soit chose légère.

2° N'empruntez jamais, si vous n'êtes pas assurés de pouvoir prélever sur vos revenus la somme dont vous avez besoin. En règle générale, une maison qui emprunte est perdue. Mieux vaut vendre une terre que de faire un emprunt.

3° Soyez charitables, je vous l'ai dit : soyez généreux, mais non d'une manière désordonnée. Gardez-vous de cautionner personne, pour quelque sujet et quelque occasion que ce puisse être, soit verbalement, soit autrement.

Vous pourrez prêter une petite somme à un ami. Il y a des cas où l'on doit rendre service : un camarade fera une longue maladie, il sera dans d'autres accidents qui n'auront pas été les suites de la dissipation ou du jeu; venez à son secours, aidez-le de votre bourse, et faites-le sans retardement. Mais que ce soit de votre part un sacrifice, sans espoir de retour de la somme prêtée.

Si vous n'êtes en état de vous imposer ce sacrifice, pourquoi vous obligeriez-vous pour un temps où vous en auriez peut-être encore moins les moyens?

N'engagez jamais votre foi témérairement pour un autre, de peur d'être forcés de la dégager pour vous-mêmes. Vous perdriez du même coup votre argent, votre tranquillité et votre ami. J'ai vu les résultats d'imprudences de ce genre : on n'en retire que des embarras, et presque toujours on est réduit à la triste nécessité de payer pour le cautionné.

Pour bien des choses que je vous ai recommandées des exhortations ont suffi; mais je me sers de toute l'autorité que me donne ma qualité de père pour vous défendre absolument celle-ci.

4° Au surplus, dans toutes les affaires de quelque importance, consultez, avant de vous engager, et rapportez-vous-en à l'avis d'un homme impartial, d'une prudence et d'une expérience reconnues. En consultant, on a l'avantage d'être éclairé des lumières d'une personne détachée de l'intérêt personnel, et aussi celui de réfléchir soi-même plus mûrement.

5° Je vous prie et conjure de tout faire pour éviter les procès. Les meilleurs ne valent rien; rappelez-vous ce vieux proverbe : « Celui qui gagne reste en chemise, celui qui perd reste nu. »

Des difficultés, des contestations peuvent se produire, en dehors de notre volonté; il arrive quelquefois que les droits les plus légitimes sont méconnus et qu'il faut les défendre. Dans ce cas, vous devrez vous en remettre à des arbitres. Les arbitres sont des juges de notre choix, et leurs décisions, indépendantes des formes, concilient les cœurs en même temps que les intérêts. Un jugement nous ruine; un arbitrage ne nous coûte rien; il ne nous conserve pas seulement notre repos, il nous ménage l'amitié de la partie adverse.

XXII. — Le testament.

Nos pères professaient cette maxime que « *les actions les plus importantes de la vie sont le mariage et le testament* » ; ils ajoutaient qu'il ne faut rien y précipiter et qu'on ne doit rien y négliger.

Ne vous étonnez pas, mes enfants, de voir rapprochées deux choses qui semblent si peu s'accorder ensemble. La réflexion vous apprendra qu'elles portent en elles les deux plus grandes responsabilités qui nous incombent sur cette terre; car, si le mariage fonde la famille, c'est le testament qui la conserve, en lui donnant l'ordre, l'union et la paix.

Dès que j'eus hérité des biens de mes pères, je fis mon testament pour en assurer la transmission, et, depuis lors, j'en ai refait un nouveau, toutes les fois que ma position a changé. Faites de même, sans attendre les infirmités de la vieillesse et surtout votre dernier moment.

N'ayez point là-dessus les frayeurs des gens du monde. Vous êtes chrétiens, et vous savez que la mort est bien en réalité l'acte décisif de la vie. Nous ne vivons que pour mourir, c'est-à-dire que cette vie ne nous est donnée que pour nous conduire à celle qui suit la mort.

Souvenez-vous que la mort peut nous frapper à tous les instants. Jésus-Christ ne nous dit point seulement : « *Préparez-vous ;* » mais : « *Soyez prêts, estote parati.* » Tenez-vous donc prêts, comme si vous deviez partir demain.

Que vos affaires soient toujours arrangées, votre conscience toujours nette. Travaillez, comme si vous ne deviez jamais mourir, et vivez comme si vous deviez mourir dans quelques heures. Peut-être le fil sera-t-il coupé lorsque la toile sera à moitié tissue.

Donc, sitôt que vous aurez des biens dont vous puissiez disposer, vous devrez faire votre testament : c'est chose importante et toujours pressante.

Il faut se hâter de faire son testament lorsqu'on est en santé, afin de n'avoir pas à s'en occuper quand on est malade, et afin que notre volonté nous survive, si par malheur il nous arrivait de mourir subitement. Voyez quels désordres l'oubli de ce devoir jette dans les familles.

Suivez en cela les belles formes religieuses usitées chez nos pères. Recommandez votre âme à Dieu, à la sainte Vierge, à saint Joseph, à votre saint patron ; mettez-vous en présence de l'éternité, et que vos enfants lisent tracée par votre plume cette profession de foi catholique, apostolique et romaine, qui, transmise depuis nos anciens jusqu'à nous,

nous a tous confirmés dans la vertu et dans le vrai culte à rendre à Dieu.

Il est le maître de tout : c'est en son nom, et pour son honneur et gloire, que nous avons à régler notre héritage. Vous trouverez dans ce Livre de raison ce qu'il vous est utile et nécessaire de connaître sur l'état et l'origine de nos biens, et mon testament vous dira quelles sont à leur égard mes dernières volontés. Ici, je me bornerai à quelques observations générales.

Je désire que la maison paternelle se conserve dans la famille; elle est chère à nos cœurs, et, s'il est besoin de faire des sacrifices pour cela, vous vous les imposerez : c'est votre intérêt commun.

Je veux qu'il en soit ainsi pour notre domaine patrimonial. J'ai travaillé toute ma vie à le mettre en valeur, je l'ai arrosé de mes sueurs. Livreriez-vous à d'autres les fruits des arbres que j'ai plantés? et auriez-vous le courage de chasser la mémoire de nos devanciers des lieux où ils nous ont nourris ?

Et vous, mon fils ou mes fils, qui serez les conservateurs de ces biens domestiques, vous adresserez de semblables recommandations à ceux qui vous succéderont.

Je prie Dieu d'aplanir la voie pour cette entreprise. Je demande à mes enfants de ne pas non plus oublier, dans leurs testaments, la part de Dieu, c'est-à-dire celle des pauvres, afin que leurs prières leur attirent les miséricordes d'en haut.

XXIII. — Le respect du testament et la paix domestique.

Voulez-vous, mes chers enfants, que Dieu vous bénisse? Ne souffrez jamais, et sous aucun prétexte, que le maudit intérêt vous divise. Soyez unis; et pour cela commencez par respecter mes dernières volontés, que j'ai écrites devant Dieu afin d'assurer cette union entre vous.

Je vous ai exhortés à ne jamais plaider. Ne le faites pas surtout pour mon héritage; car je détournerais ma bénédiction de dessus la tête de celui qui intenterait un procès à ses frères ou à sa sœur.

Quand vous m'aurez rendu les derniers devoirs de la sépulture, j'exige que vous preniez connaissance des conseils et des ordres que je vous donne ici, et que vous juriez en mon nom de vivre en bonne intelligence, et même de vous entr'aider les uns les autres. Je vous en fais un devoir, c'est au plus vertueux à céder.

Si, contre toute attente, il s'élevait quelques difficultés, par le respect que vous aurez pour ma mémoire, faites vider tout différend par arbitres.

Ou, mieux encore, prenez pour juge votre bonne mère, et obéissez-lui aveuglément.

Je vous recommande de l'honorer d'un respect tout particulier, d'avoir à son égard une tendresse sans bornes et une soumission absolue. Vous lui devez tout ce que vous êtes et tout ce que vous avez. Par son économie, elle a conservé les biens de la famille; par ses exemples et ses leçons, elle vous a donné toutes les vertus que vous pouvez avoir, et c'est dans son sang que vous avez puisé vos bonnes inclinations.

A vous maintenant de la rendre heureuse, vous accomplirez envers elle vos devoirs et les miens.

Je lui laisse en mourant mon cœur qui vous aima, et mon autorité qui vous protégea. C'est votre père qui vous parlera par sa bouche, et c'est lui qui, vous serrant dans ses bras, revivra dans son cœur pour vous aimer.

XXIV. — Dernières recommandations.

J'ai une demande suprême à vous adresser, ô vous tous qui êtes la meilleure partie de mon être !

Priez et faites prier pour ma pauvre âme, dès l'instant où, brisant son enveloppe mortelle, elle aura paru devant le souverain juge.

N'oubliez pas, mes enfants, l'attention que j'ai mise à faire de vous de véritables chrétiens, à vous rendre hommes de bien et d'honneur. Pensez aux remontrances que je vous ai renouvelées souvent, au nom de votre propre bonheur dans ce monde et dans l'autre, et que cela vous excite à me prêter le secours de vos prières. Souvenez-vous de votre père, pour lui procurer le soulagement des peines du purgatoire. Les âmes justes y souffrent pour l'expiation des fautes dont satisfaction n'a pas été faite à la justice de Dieu pendant cette vie. Donnez-moi la preuve la plus précieuse de votre reconnaissance; le devoir et la nature vous y engagent ; et vous en serez récompensés par une semblable rétribution. Des enfants excellents viendront à leur tour prier sur votre tombe.

Je ne croyais pas, mes chers amis, aller si loin,

quand j'ai eu le dessein de vous laisser quelque chose par écrit. S'il y a du bon, je prie Dieu qui me l'a inspiré de vous donner la grâce de l'accomplir. Que me reste-t-il à désirer, sinon que vous vous efforciez de faire mieux que moi? Je voudrais pouvoir appeler ce Livre de raison *la Sagesse de la famille.* Il faut qu'il se continue d'âge en âge, qu'il lie toutes nos générations les unes aux autres et n'en forme qu'une famille toujours vivante, en attendant qu'elle soit toute réunie en Dieu, dans le séjour de l'éternelle félicité.

FIN

TABLE DES MATIÈRES

UN LIVRE DE RAISON D'APRÈS LES MODÈLES

PREMIÈRE PARTIE

LE PASSÉ

DEUXIÈME PARTIE

LE PRÉSENT

TROISIÈME PARTIE

L'AVENIR

8530. — Tours, impr. Mame.

OUVRAGES DU MÊME AUTEUR

UNE FAMILLE AU XVIᵉ SIÈCLE

D'APRÈS DES DOCUMENTS ORIGINAUX

TROISIÈME ÉDITION

COMPLÈTEMENT REFONDUE ET TRÈS AUGMENTÉE

UN VOLUME IN-18 JÉSUS

LE LIVRE DE FAMILLE

UN VOLUME IN-18 JÉSUS

Prix de chacun des deux ouvrages ci-dessus, broché : 2 francs.

EN PRÉPARATION

LES FAMILLES ET LA SOCIÉTÉ EN FRANCE

AVANT LA RÉVOLUTION

D'APRÈS DES DOCUMENTS ORIGINAUX

QUATRIÈME ÉDITION

Deux volumes in-18 jésus, brochés : 4 francs.

8736. — Tours, impr. Mame.